Marion Schmidt
Thorsten Schmidt

HARZ

Auf Entdeckungstour durch Deutschlands nördlichstes Mittelgebirge

Die Autoren. Marion und Thorsten Schmidt gründeten 1990 in Wernigerode den Schmidt-Buch-Verlag und veröffentlichen über den Harz touristische Sachbücher, Reiseführer sowie Wander- und Fahrradkarten. Die beiden gelernten Journalisten geben hier kompetenten Autoren eine Publikationsplattform, schreiben aber auch selbst. Aus ihrer Feder stammen beispielsweise ein illustrierter Wernigerode-Reiseführer, eine kurzweilige Monografie über den Brocken und der offizielle Kunstreiseführer zur Straße der Romanik.
Die gebürtige Wernigeröderin und der Wahl-Harzer durchstreifen wandernd und radfahrend mit Block und Kamera ihre Heimat; recherchieren, fotografieren und – genießen.

Den Harz erleben – Einstimmung 5

Tipps zur Reise-Vorbereitung...6

Nordharz Ein Fest für Kulturtouristen

Freunde historischer Sehenswürdigkeiten und gut erhaltener, restaurierter Schätze der Vergangenheit kommen bei einer Fahrt am Nordrand des Harzes entlang voll auf ihre Kosten. Wie an einer Perlenschnur reihen sich von Goslar bis Ballenstedt die Pfalzen, Burgen, Schlösser, Fachwerkbauten, Klöster und Dome dicht aneinander.

Welterbestadt Goslar 8

Hahnenklee 16

   Wanderung: Liebesbankweg 17

Bad Harzburg 17

   Wanderung zum Luchsgehege 19

Ilsenburg... 20

   Wanderung durchs Ilsetal.................... 22

Kloster Drübeck................................. 23

Wernigerode 24

   Radtour zur Glasmanufaktur 30

Harzer Schmalspurbahnen 31

Halberstadt.. 35

Blankenburg 41

   Wanderung: Teufelsmauer 44

Teufelsmauer 45

Thale.. 46

Welterbestadt Quedlinburg 50

   Radtour: Warten-Radweg 58

Stiftskirche Gernrode 58

Ballenstedt... 61

   Radtour zur Konradsburg 63

Oberharz Hohe Berge – rauhes Klima

Der nordwestliche Teil des Harzes einschließlich des Brockenmassivs wird naturräumlich als Oberharz bezeichnet, da er den deutlich höheren Bereich des Bruchschollengebirges darstellt. Es dominiert klassische Mittelgebirgslandschaft mit meist fichtenbewaldeten Bergen zwischen 600 und 1 000 Metern Höhe. Der Brocken ist hier mit seiner bereits subalpinen bis alpinen Vegetation eine Ausnahme, aber deshalb auch besonders interessant.

Der Brocken 66

   Wanderungen zum Brockengipfel 70

Schierke 71

Braunlage 72

   MTB-Tour um den Wurmberg.............. 74

St. Andreasberg 74

Torfhaus... 76

Nationalpark Harz 77

Altenau.. 78

Clausthal-Zellerfeld 79

Wildemann 81

   Wanderung durch das Spiegeltal 82

Bad Grund.. 82

Oberharzer Wasserwirtschaft........ 84

Harzhochfläche und Unterharz

Stille Natur mit sanften Hügeln

Wer vorwiegend unberührte Natur sucht und ohne große körperliche Anstrengung wandern möchte, ist auf der Harzhochfläche und im östlichen Unterharz gerade richtig. Weite Bergwiesen wechseln in einer sanften Hügellandschaft mit ausgedehnten Laub- und Mischwäldern. Auch als Nicht-Mountainbiker kann man hier bequeme Fahrradtouren unternehmen.

Elbingerode	86	Burg Falkenstein	92
Wanderung zur Zillierbachtalsperre	87	Harzgerode	93
Rübeland	87	Wippra	95
Hasselfelde	90		

Südharz Kultur- und Karstlandschaft

Der Süden ist landschaftlich vom Karst geprägt. Hier finden sich weiße Gipsfelsen, Erdfälle, riesige Höhlen, über- und unterirdische Flüsse sowie sprudelnde Quellen. Mehrere Grafengeschlechter haben in der Gegend ihre Spuren in Form zahlreicher Burgruinen und Schlösser hinterlassen.

Stolberg	98	Bad Sachsa	108
Wanderung zum Josephskreuz	101	Bad Lauterberg	109
Neustadt	102	Herzberg	111
Nordhausen	103	Osterode	113
Wanderung: Rabensteiner Stollen	106	MTB-Tour um den Sösestausee	115
Kloster Walkenried	107		

Harz Allgemeines

Schutzgebiete im Harz	64	Wassersport an Talsperren	84
UNESCO-Welterbe im Harz	64	Wandern im Harz und	
Straße der Romanik und		Thematische Wanderwege	96
Gartenträume	64	Zur schnellen Orientierung	128

Harz Touren

Tour „Durch den Westharz"	116
Tour „Rund um den Hochharz"	119
Tour „Durch den Ostharz"	123

Trudenstein am südlichen Hohnekamm bei Schierke

Den Harz erleben

Lust auf Natur? Ob ausgedehnte Laub-, Misch- und Nadelwälder, blühende Bergwiesen oder erfrischende Seen und Teiche; vier Naturparks, ein Biosphärenreservat und ein Nationalpark sorgen hier für grüne Vielfalt. Es locken beeindruckende Berggipfel, steile Klippen und schroffe Felsen - viele von ihnen äußerst aussichtsreich! Selbst dort, wo einst plantagenartig gepflanzte Fichtenbestände nahezu über Nacht verschwanden, keimt mit den ersten grünen Pionieren wie Fingerhut, Birke und Eberesche neues Leben, regeniert sich mit zusätzlicher forstlicher Hilfe der Harzer Wald.

Die oft überwältigenden Naturkulissen in tiefen Schluchten, an reißenden Gebirgsflüssen oder in den unheimlichen Mooren am Brocken sowie die bizarren Tropfsteinhöhlen gaben und geben der Fantasie reichlich Nahrung. Hexen, Teufel, Kobolde und Geister sowie „Wilde Jäger" und „Wilde Männer" sind allgegenwärtig.

Lust auf Kultur? Allein mit dem Besuch der zahlreichen Museen, Galerien, Konzerthäuser und Theater ließe sich ein längerer Urlaub im Harz füllen. Deutschlands nördlichstes Mittelgebirge hat aber auch Geschichte geschrieben. Hier fanden glänzende Reichstage der deutschen Könige und Kaiser statt, entstanden bedeutende Bauwerke der Romanik und der frühen Gotik. Etliche sind noch heute zu bewundern: in Quedlinburg oder Walkenried, in Goslar, Gernrode, Ilsenburg.

Über Jahrhunderte bestimmte maßgeblich der Bergbau die wirtschaftliche und kulturelle Entwicklung und prägte die Landschaft nachhaltig. Imposante Schaubergwerke sowie die Anlagen der Oberharzer Wasserwirtschaft veranschaulichen heute eindrucksvoll Geschichte und Tradition des Harzer Bergbaus.

Und beeindruckt steht man auch in Städten wie Osterode, Goslar und Wernigerode vor den oft prächtigen Fachwerkhäusern, die uns mit ihren Inschriften und Schnitzereien Botschaften aus vergangenen Epochen übermitteln.

Lust auf Spaß? Wandern, Radfahren, Mountainbiken. Klettern, Tauchen, Angeln, Baden – all dies ist nicht nur möglich, sondern im Harz auch spannend und abwechslungsreich. Beste Unterhaltung versprechen Baumschwebebahn und Wipfelpfad, kleine (Bad Grund) und gigantische (Rappbodetalsperre) Hängebrücken, Sommerrodelbahnen und Hochseilparks sowie Monsterroller und Kabinenseilbahnen. Und wer sich hier zu einem Gebirgsurlaub entschließt, muss auf Badespaß nicht verzichten, denn es gibt im Harz viele Badegewässer und romantische Waldseebäder. Im Ost- wie im Westharz bestehen ausgedehnte Talsperrensysteme, und auf einigen Stauseen sind diverse Wassersportarten erlaubt.

Dieser Reiseführer geleitet durch die schönsten und aufregendsten Regionen des Harzes und hilft, aus der Vielfalt von Sehens- und Erlebenswertem auszuwählen. Hierbei haben wir uns von den großen Attraktionen ebenso leiten lassen, wie von den kleinen persönlichen Tipps, die wir Harzer gern an Besucher weitergeben. Die drei großen, von uns empfohlenen Touren können natürlich genauso nachgefahren werden. Zugleich lassen sich aber auch einzelne Etappen herauspicken.

Wir wünschen auf jeden Fall eine angenehme Zeit im Harz.

Marion und Thorsten Schmidt

Tipps zur Reise-Vorbereitung

Harzer Tourismusverband (HTV). Offiziell anerkannte touristische Marketingorganisation für den Gesamtharz. Marktstraße 45, 38640 Goslar, ☎ (05321) 34 04-0 *www.harzinfo.de*
Der HTV vergibt auch das beliebte *Qualitätssiegel „Typisch Harz"*, das mittlerweile etwa 60 regionale Anbieter vereint: Bäcker, Fleischer, Gastwirte, Imker, Bauern, Keramiker, Brauer, Brenner, Köhler – die Vielfalt ist groß. Und man kann „Typisch Harz" auch in Gestalt des Harzer Roten Höhenviehs sehen, das beispielsweise Brocken-Bauer Thielecke in stattlichen Herden rings um seinen Heimatort Tanne grasend die Bergwiesen pflegen lässt. *www.schmidt-buch-verlag.de/typisch-harz*

HarzCard. Freier Eintritt in über 100 Einrichtungen der Region ist den Besitzern der HarzCard sicher. Zwei Varianten sind erhältlich: für 48 Stunden (gilt zwei Tage ab der ersten Nutzung) und für vier Tage (frei wählbar innerhalb eines Kalenderjahres). Informationen zu den aktuellen Angeboten und Preisen erhält man unter ☎ (05321) 34 04-0 *www.harzcard.info*

HarzGastkarte. Umweltschonend den Harz erkunden lässt sich übrigens bestens mit dem Harzer Urlaubsticket HATIX. Wer im Landkreis Harz, im Stolberger Raum (Landkreis Mansfeld-Südharz) oder im gesamten niedersächsischen Harz Quartier bezieht, hat freie Fahrt auf allen öffentlichen Bus- und Straßenbahnlinien. Wenn das einheitliche HATIX-Logo die Gästekarte oder den Meldeschein ziert, gelten diese als Fahrschein. *www.hatix.info*

Harzklub e.V. Etwa 8000 Kilometer umfasst das Wanderwegenetz, das die Mitglieder des 1886 in Seesen gegründeten Harzklubs heute pflegen. Sie kümmern sich ehrenamtlich um Bänke (5000), Sitzgruppen (600) und Schutzhütten (400) sowie um die einheitliche Kennzeichnung der Wanderwege und bieten außerdem geführte Wanderungen an. Am Alten Bahnhof 5a, 38678 Clausthal-Zellerfeld, ☎ (05323) 81758 *www.harzklub.de*

Harzer Wandernadel. An den schönsten Stellen über den gesamten Harz verteilt warten 222 Stempel darauf, in die Sammelhefte von Wanderern gedrückt zu werden. Je nach Anzahl der gesammelten Stempel kann man Abzeichen in Bronze (8), Silber (16) und Gold (24) sowie den König (50), Kaiserschuh (150) und Wanderkaiser (222) erreichen. Service-Büro: Schnappelberg 6, 38889 Blankenburg, ☎ (03944) 9547148 *www.harzer-wandernadel.de* | *www.schmidt-buch-verlag.de/stempel-wanderung*
Die offizielle Tourenkarte Harzer Wandernadel vom Schmidt-Buch-Verlag: ISBN 978-3-945974-23-0 *www.harz-wanderkarten.de/wandernadel-touren*

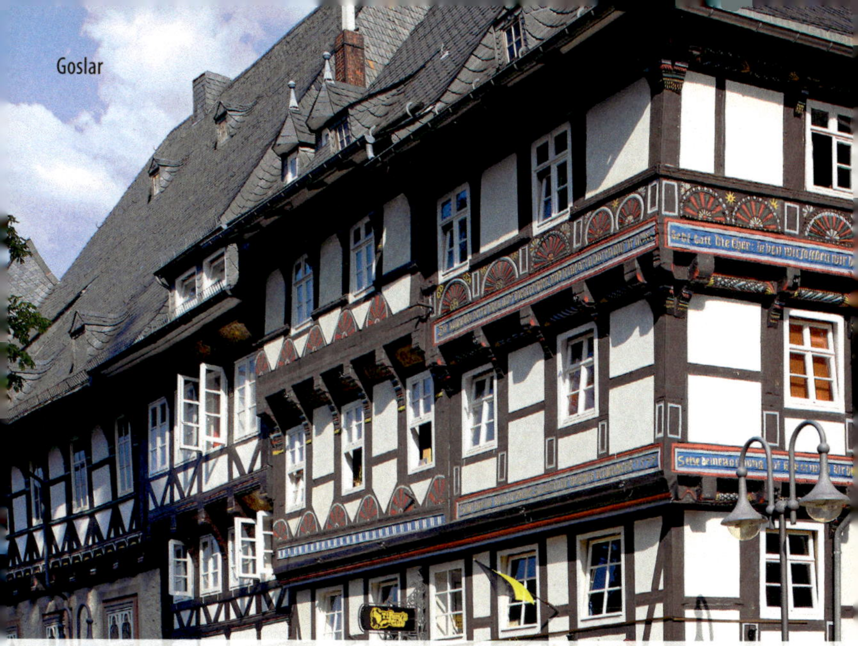

Goslar

Nordharz

Ein Fest für Kulturtouristen

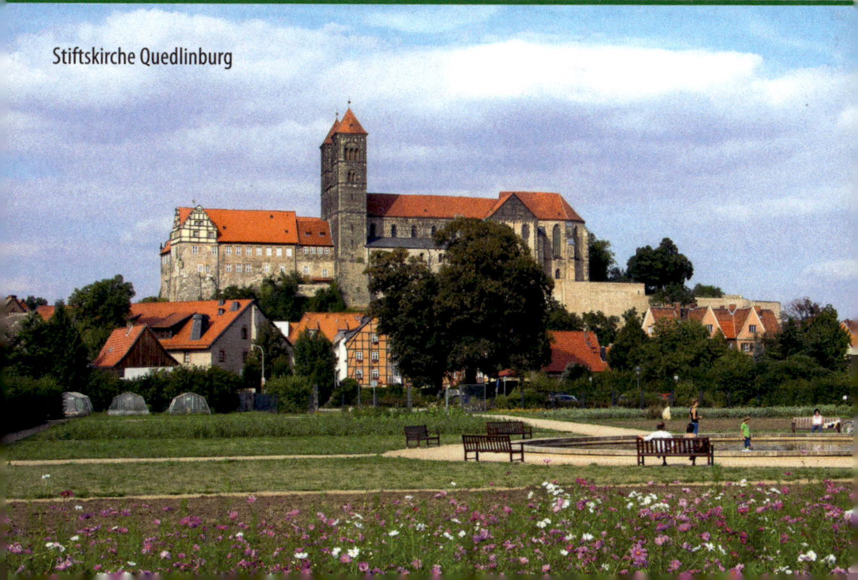

Stiftskirche Quedlinburg

Welterbestadt Goslar

Goslar gilt seit Langem als die Metropole des Harzes. Die wunderschöne Kreisstadt besitzt einen ausgedehnten historischen Stadtkern, der gemeinsam mit den Bergbauanlagen am Rammelsberg seit 1992 auf der UNESCO-Liste des Weltkulturerbes steht. 2010 wurde diese Anerkennung um die wertvollen Anlagen der Oberharzer Wasserwirtschaft erweitert. In Goslar und den eingemeindeten Ortschaften leben etwa 50 000 Menschen.

Einer Sage nach soll Ritter Ramm das Silber im Rammelsberg entdeckt haben, und seiner Frau Gose verdankt Goslar den Namen. Belegt ist, dass seit 968 unter Kaiser Otto I. hier Bergbau betrieben wurde. Damit entstand eine neue Siedlung am Nordhang des Berges, neben der 922 von König Heinrich I. gegründeten vicus Goslariae. Kaiser Heinrich II. ließ 1005 bis 1015 erste Pfalzbauten errichten. Die Goslarer Pfalz war 150 Jahre lang die bedeutendste Pfalz im Deutschen Reich.

Glanzvolle Reichstage wurden hier bis 1219 abgehalten. Mit dieser Jahreszahl verbindet sich zugleich die erste urkundliche Nennung der Stadtrechte Goslars. Kaisertum und Kirche bestimmten das Siedlungsleben. Erst im 13. und 14. Jahrhundert erlangten die Goslarer Bürger mehr Selbstständigkeit. Bis 1802 besaßen sie die Reichsunmittelbarkeit, während der Rat die Bergbaurechte am Rammelsberg nur pfandweise von den Braunschweiger Herzögen erhalten hatte. Die aus dem

Das Breite Tor – ein Wahrzeichen der Stadt Goslar

Bergbau erzielten Gewinne spiegeln sich in den prächtigen Bauten dieser Epoche wider, zu denen das Rathaus, die Stadtbefestigung, Gilde- und Bürgerhäuser zählen. Goslars Stadtväter schlossen sich 1267 der Hanse an, was dem Handel und dem Wohlstand der Stadt dienlich war.

Mitte des 16. Jahrhunderts verlor die Stadt fast alle Rechte am Rammelsberg und am größten Teil der Forsten. Goslar büßte seine Bedeutung als Handelsstadt ein. Es entwickelten sich nun andere Gewerbe wie das Mühlenwesen und die Dachschiefergewinnung. Sehr viele Fachwerkhäuser stammen aus dieser Zeit.

◇◇◇◇◇

Kaiserpfalz

Zum Pfalzbezirk gehörten das Kaiserhaus mit den Pfalzkapellen St. Ulrich und Liebfrauen, das Domstift mit dem Dom St. Simon und St. Judas, die Pfarrkirche St. Thomas, die Ordensniederlassungen sowie die Kurien. Die meisten Bauten sind nicht mehr vorhanden. Der „Dom", architektonisches Vorbild vieler berühmter sakraler Bauwerke (z. B. des Braunschweiger Doms) verfiel nach dem Ende der Kaiserzeit. Er wurde zwischen 1820 und 1822 bis auf die *Domvorhalle* abgerissen. Über den beiden rundbogigen Toren dieser Vorhalle sind fünf Figuren aufgestellt, die Heinrich III., die Apostel Simon, Matthias und Judas sowie vermutlich Friedrich I. darstellen. Darüber wiederum steht Maria mit dem Kinde. Die Vorhalle bewahrt Reste der geretteten Domarchitektur sowie eine Kopie des kaiserlichen Thronsessels aus der Salier-

Tourist-Information
Markt 7, 38640 Goslar
☎ (05321) 7 80 60
www.goslar.de

und Stauferzeit, ein Steinsitz mit Bronzelehnen. Das Original wird im Gewölbe des Kaiserhauses gezeigt. Den ersten Eindruck bei einem Besuch der Kaiserpfalz bestimmen heute die großzügig angelegten Freitreppen, die beiden Nachbildungen des Braunschweiger Löwen und die *Reiterstatuen*. Letztgenannte wurden erst 1900 vor dem Kaiserhaus aufgestellt und verkörpern Friedrich I. Barbarossa (geschaffen von Toberentz) und Wilhelm I. (geschaffen von Schott).

Das zweigeschossige *Kaiserhaus* hat zwei Säle. Im Erdgeschoss befand sich eine im Fußboden installierte Warmluftheizung. Der Saal

Kaiserthronsessel in der Domvorhalle

Kaiserhaus der Pfalz

im Obergeschoss, der ursprünglich ohne verglaste Fenster auskommen musste, ist mit seinen Ausmaßen (47,2 x 15,18 m) der größte in Deutschland errichtete Kaisersaal. Monumentale Wandgemälde von Hermann Wislicenus veranschaulichen Blüte, Untergang und Wiedergeburt des Kaiserreiches eindrucksvoll und verherrlichend zugleich.
Kaiserbleek 6, 📞 *(05321) 3 11 96 93*

◇◇◇◇◇

St.-Ulrich-Kapelle

Architektonisch eigenwillig und so in Deutschland einmalig ist die St.-Ulrich-Kapelle. Zu ihrer Entstehungszeit gibt es unterschiedliche Auffassungen (11. bis Anfang 13. Jahrhundert). Der im Vergleich zum Kaiserhaus kleine Bau besitzt zwei Etagen. Im Erdgeschoss, das einen kreuzförmigen Grundriss aufweist, fanden die Gottesdienste statt, während das achteckig errichtete Obergeschoss der kaiserlichen Familie als Andachtsstätte vorbehalten war. Im Sarkophag ruht das Herz Heinrichs III., die als Deckplatte dienende Plastik des Kaisers entstand etwa Mitte des 13. Jahrhunderts.

◇◇◇◇◇

Neuwerkkirche

Die Neuwerkkirche (1186 erstmals urkundlich) zählt zu den bedeutendsten romanischen Kirchen diesseits des Rheins. Die kreuzgewölbte, dreischiffige Pfeilerbasilika ist prunkvoll ausgestattet. Das

💡 Einer der bedeutendsten Kunstpreise der Welt wird in Goslar verliehen: *Der Kaiserring*. Seit 1975 geht jährlich die ideelle Auszeichnung an zeitgenössische deutsche und internationale Künstler. Der erste Kaiserring-Träger war 1975 Henry Moore, der bedeutendste englische Bildhauer des 20. Jahrhunderts. Ihm folgten u. a. Max Ernst, Joseph Beuys, Georg Baselitz, Christo und Jörg Immendorf. Initiator des Preises war der Goslarer Industrielle und Kunstmäzen Peter Schenning, dem auch das Museum für moderne Kunst im Mönchehaus zu verdanken ist. *www.moenchehaus.de/kaiserring*

nördliche Querschiff bewahrt das Doppelgrab des Stifterehepaars Helena und Volkmar von Wildenstein. Von den im 18. Jahrhundert übertünchten Gemälden an den Kirchenwänden legte man jene im Hohen Chor gegen Ende des 19. Jahrhunderts wieder frei. Die 1230 bis 1240 geschaffenen Malereien weisen byzantinischen Einfluss auf. In der Wölbung der Hauptapsis thront über den sieben Stufen der Seligkeit die Mutter Gottes mit dem segnenden Christus auf ihrem Schoß. Am Außenbau beeindruckt insbesondere die von frei stehenden, reich verzierten Säulen (Königslutter-Nachfolge) geprägte Hauptapsis.

Direkt an der Kirche beginnt der Harzer Klosterwanderweg (🔎 S. 96). *www.neuwerkkirche-goslar.de*

◇◇◇◇◇
Jakobikirche

Laut Überlieferung ist sie die älteste Pfarrkirche Goslars. Bei dem schon 1073 in einer Urkunde des Hildesheimer Bischofs Hezilo erwähnten Bau handelt es sich vermutlich um einen Vorgänger der anfangs flachgedeckten Basilika. Diese erfuhr mehrmals beträchtliche Umbauten. Bei Restaurierungsarbeiten entdeckte man 1931 Wandmalereien, die aus vier aufeinanderfolgenden Jahrhunderten stammen. Die ältesten sind etwa 700 Jahre alt. Aufmerksamkeit erregen außerdem die geschnitzte Kanzel (1620) und das kupferne Taufbecken (1592) sowie die Plastik „Schmerzensmutter mit dem toten Sohn". St. Jakobus ist heute die einzige katholische Altstadtkirche in Goslar. *www.st-jakobi.de*

Kultur

Mönchehaus
Museum für moderne Kunst
Mönchestraße 1, ☎ (05321) 2 95 70
www.moenchehaus.de

Zwinger-Museum
Thomasstraße 2, ☎ (05321) 4 31 40
www.zwinger.de

Zinnfigurenmuseum
Klapperhagen 1, ☎ (05321) 2 58 89
www.zinnfigurenmuseum-goslar.de

Spaß

Erlebnismuseum Vistory
8D-Kinofilm, VR-Spiel, Escape Rooms
Hoher Weg 5, ☎ (05321) 6 85 85 00
www.vistory.de

Cineplex - 8 Kinos
Carl-Zeiss-Str. 1, ☎ (05321) 37 73 77
www.cineplex.de/goslar

Goslarer (Film-) Theater - 4 Kinos
Breite Straße 86, ☎ (05321) 28 55

Miner's Rock im Rammelsberg
Konzerte in der Schlosserei
Bergtal 19, *www.miners-rock.de*

Aquantik Schwimmpark
Osterfeld 11, ☎ (05321) 75 82-0
www.aquantic.de

Segelflugplatz am Bollrich
Rundflüge mit versierten Piloten
☎ (05321) 7 09 87 87 (nur Sa/So)
www.segelfliegen-goslar.de

◇◇◇◇◇
Marktkirche

Die im Stadtzentrum alles überragende Marktkirche St. Cosmas und Damian wird 1151 als ecclesia forensis erstmals urkundlich erwähnt. In die dreischiffige, kreuzförmige Pfeilerbasilika mit zwei Westtürmen zog man etwa bis 1300 ein Kreuzgratgewölbe (Langhaus) bzw. Rippengewölbe (Chor) ein. Im 14./15. Jahrhundert wurde der Chor vergrößert und beiden Seiten des Langhauses

ein weiteres Schiff angefügt. Reste wertvoller Wandgemälde des ausgehenden 15. Jahrhunderts bewahrt das Querschiff (Südwand). Im nördlichen Teil sind neun bemalte Glasfenster aus dem 13. Jahrhundert ausgestellt. Das Messingtaufbecken (1573) stammt vom Goslarer Erzgießer Magnus Karsten, die Renaissance-Kanzel (1581) von Hans Seek.
www.marktkirche-goslar.de

✕✕✕✕✕

Frankenberger Kirche
Sie liegt von Grün umgeben auf einem Hügel am Rand der Altstadt. Die 1108 erstmals genannte Kirche erhielt ab 1230 anstelle ihrer Flachdecke ein Gewölbe. Weitere Umbauten folgten, bei denen das Gotteshaus jedesmal ein paar romanische Elemente einbüßte. 1783 bis 1787 ersetzte man die beiden einsturzgefährdeten Türme lediglich durch einen kleinen barocken Glockenturm, ähnlich einer offenen Laterne. Die Kanzel mit üppigem Rankenwerk (1698) und der prächtige Hochaltar sind Werke des Barocks. 1877 entdeckte man verschiedene romanische Wandmalereien (um 1220/30) und restaurierte sie.
www.frankenberg-goslar.de

✕✕✕✕✕

Gotisches Rathaus
Ein Rathaus, vermutlich aus Fachwerk, existierte in Goslar schon im 12. Jahrhundert. Der heutige Bau stammt aus der Mitte des 15. Jahrhunderts. An der Marktfassade dominieren fünf große Spitzbogen. Zwischen dem vierten und fünften Bogen steht heute eine Holzsäule mit einer Nachbildung der sogenannten „Goslarschen Normalelle". Früher befand sich hier der Pranger. Eine Treppe an der Südseite führt ins Obergeschoss des Arkadenbaus. Dort fallen vor allem die aus Messing und Rotwildstangen gefertigten Kronleuchter auf. Mit prächtigen Gemälden an Decke und Wänden beeindruckt das spätgotische Ratsherrenzimmer (*Huldigungssaal*). Ein unbekannter Künstler schuf die Arbeiten zu Beginn des 16. Jahrhunderts, die u. a. die Jugend Christi und die heilverkündenden Sibyllen zeigen. Die Malereien setzen sich in der benachbarten Trinitatiskapelle (1506 geweiht) fort.
Nach jahrelanger Restaurierung des Rathauses präsentiert hier ab Herbst 2021 ein Welterbezentrum Wissenswertes über die Oberharzer Wasserwirtschaft, und die Tourist-Information bezieht ihr neues Domizil.
Markt 1, ☎ (05321) 78 06-0

Huldigungssaal im Rathaus

Markt mit Kaiserworth, Rathaus und den Türmen der Marktkirche

◇◇◇◇ Marktplatz

Den Mittelpunkt des Platzes bildet der *Marktbrunnen*. Zwei bronzene Schalen auf einem steinernen Sockel legen Zeugnis vom hohen Entwicklungsstand Goslarer Erzgießerkunst in der ersten Hälfte des 13. Jahrhunderts ab. Über den dezent verzierten Schalen thront ein vergoldeter Reichsadler.

Im Dachgeschoss des schieferverkleideten Gebäudes gegenüber dem Rathaus ist ein *Glockenspiel* untergebracht, das täglich um 9, 12, 15 und 18 Uhr mit zahlreichen Figuren Szenen aus dem Bergbau des Harzes zeigt.

An der Südseite des Marktplatzes steht die *Kaiserworth* (heute Hotel) mit ihrem markanten, reich verzierten Erkerturm und den großen Rundbögen. Das Gebäude wurde 1494 als Gildehaus der Tuchhändler errichtet. Nach 1820 mussten die alten Figuren an der Fassade den hölzernen Standbildern mehrerer deutscher Kaiser weichen, bis auf zwei an der Ostseite: Herkules und Abundantia.

◇◇◇◇ Fachwerkhäuser

Sehr viele erhalten gebliebene Bürgerhäuser der letzten 800 Jahre und die reiche Verwendung von Schiefer prägen die Goslarer Altstadt. Zu den herausragenden Fachwerkbauten gehört das Hotel *Brusttuch* im Hohen Weg 1. Der wohlhabende Hüttenherr Magister Johannes Thillingk ließ es sich 1521 bis 1526 erbauen. Auf hohem steinernen Erdgeschoss ruht die Fachwerketage mit farbigem Bogenfries und Figuren (wie Engel, Butterhanne, Hexe) vom Braunschweiger Holzschnitzer Simon Stappen.

Rammelsberger Bergbaumuseum

Das **Bäckergildehaus** in der Marktstraße 45 entstand zwischen 1501 und 1557 mit mehreren Baupausen. Die Fachwerk-Konstruktion über dem steinernen Erdgeschoss diente als Kornspeicher.

Das **Siemenshaus** in der Schreiberstraße 12 zieht allein durch seine Größe schon die Blicke auf sich. Die Gefache des Fachwerks sind mit dekorativem Ziegelstein in verschiedenen Mustern ausgemauert. Hans Siemens, ein Vorfahr des berühmten Technikers und Erfinders Werner von Siemens, ließ das Haus 1693 errichten (Besichtigungen auf Anfrage möglich, ☎ 05321-780621).

⬦⬦⬦⬦

Goslarer Museum
Es befindet sich in einem Gebäudekomplex, dessen Haupthaus 1514 als Stiftskurie erbaut wurde. Ein Museumsbereich widmet sich der Kirchenkunst. Hier ist u. a. das um 1230/40 im Kloster Neuwerk angefertigte farbenprächtige Evangelienbuch zu sehen. Gezeigt werden ferner original erhaltene Stücke des früheren Dominventars, so die überlebensgroße Kreuzigungsgruppe (1520), Glasmalereien, Wandteppiche und der Krodo-Altar (11. Jahrhundert).

Weitere herausragende Exponate der stadtgeschichtlichen Ausstellung sind die Bergkanne (Silberschmiedearbeit von 1477), ein Stadtmodell und der originale Marktbrunnen-Adler.

Königstraße 1, ☎ (05321) 4 33 94

⬦⬦⬦⬦

Großes Heiliges Kreuz
Das Haus im Hohen Weg 7 wurde 1254 als städtisches Hospital für alte und kranke Bürger eröffnet. Im Hauptflügel sind an der Nordwand im 17. Jahrhundert 20 Zimmer auf zwei Etagen ausgebaut worden. Heute nutzen Kunsthandwerker das Haus für ihre kleinen Werkstätten und Geschäfte.

www.kunsthandwerkgoslar.de

⬦⬦⬦⬦

Stadtbefestigung
Am Thomaswall trutzt in alter Wehrhaftigkeit der Zwinger, hinter dessen sechs Meter (!) dicken Mauern sich ein Erlebnismuseum mit militärischen Objekten und Waffen verbirgt. Der Turm mit einem Durch-

messer von 24 Metern stammt von 1517. Das Breite Tor, der Weber- und der Teufelsturm sind weitere Zeugen der kriegerischen Zeit. Die im 12. Jahrhundert aufgeführte Stadtmauer wurde im 15. Jahrhundert erweitert sowie gesichert.

◇◇◇◇◇

Bergbaumuseum Rammelsberg
In dem erst 1988 stillgelegten Bergwerk finden heute mehrmals täglich diverse Führungen statt. Besucher können den Roederstollen mit seinem riesigen Kunstrad zu Fuß erkunden oder mit der Grubenbahn rund 500 Meter entlang der Tagesförderstrecke in den Berg zur modernen Bergbautechnik einfahren. Per Schrägaufzug gelangt man in die große Erzaufbereitungsanlage. Der Erzkörper enthält u. a. Zink, Blei, Kupfer, etwas Silber und Gold.
Seit 2010 schließt die Welterbestätte auch die Anlagen der Oberharzer Wasserwirtschaft ein (Übersichtskarte 🔑 Umschlaginnenseite).
Bergtal 19, 📞 (05321) 750-0
www.rammelsberg.de

1 Rammelsberg
2 Großes Heiliges Kreuz
3 Goslarer Museum
4 Marktkirche
5 Gotisches Rathaus
6 Huldigungssaal
7 Glockenspiel
8 Mönchehaus-Museum
9 Jakobikirche
10 Neuwerkkirche

241

Hahnenklee

Der Goslarer Stadtteil Hahnenklee gilt als beliebter Kur- und Wintersportort. Er breitet sich auf einer welligen Hochfläche zu Füßen des Bocksberges aus, umgeben von Wäldern und Teichen. Diese Landschaft begeistert auch immer mehr Wanderer und Mountainbiker. Bis Goslar führt der Themenwanderweg „Mensch und Wald". Mit einer Urkunde aus dem Jahr 1569 tritt der frühere Bergbauort Hahnenklee erstmals in die Geschichtsschreibung ein.

⬦⬦⬦⬦⬦

Gustav-Adolf-Kirche

Die nach dem schwedischen König benannte Holzkirche entstand nach Plänen von Karl Mohrmann 1907/08. Sie verkörpert den aus der Wikingerzeit stammenden Stil norwegischer Stabkirchen. Zwölf Masten tragen den Bau, dessen Langhaus gen Osten in einer halbrunden Apsis schließt. Der Glockenturm steht nach Westen frei. Ein dreistufiges Dach mit dreistufigem Dachreiter prägt das äußere Erscheinungsbild. *www.stabkirche.de*

⬦⬦⬦⬦⬦

Paul-Lincke in Hahnenklee

Das Heimatmuseum erinnert neben Ausstellungen zur Bergbau- und Ortsgeschichte an den Berliner Operettenkomponisten Paul Lincke (1866-1946). Seine „Berliner Luft, Luft, Luft!" und „Schenk mir doch ein kleines bisschen Liebe" entwickelten sich zu Gassenhauern und sorgen noch heute für Partystimmung. Der populäre Musiker verbrachte in Hahnenklee seinen Lebensabend. Er fand auf dem Waldfriedhof seine letzte Ruhe. Seit 1955 wird, inzwischen jährlich, der begehrte Paul-Lincke-Ring an Musiker verliehen, zu denen u. a. Udo Jürgens, Nicole, Ina Müller, Udo Lindenberg und Max Mutzke gehören. *Rathausstr. 12,* 📞 *0151 - 11 64 27 75*

Gustav-Adolf-Kirche

Spaß

ErlebnisBocksBerg
Kabinenseilbahn, Sessellift, Sommerrodelbahn, Riesen-Trampolin, Monsterroller und Bike-Park
am 726 Meter hohen Hausberg
📞 (05325) 25 76
www.erlebnisbocksberg.de

Wanderung: Liebesbankweg

Beschilderter Wanderweg 💗, auf der gesamten Strecke von künstlerisch gestalteten (Liebes-)Bänken flankiert

Gegenüber der nordischen Stabkirche Einstieg Liebesbankweg mit einem hölzernen Tor und einer zweiteiligen Steinskulptur (abstrahierte Umrisse eines stehenden Paares) – dem Piktogramm 💗 nach links in den Wald hinein folgen, an Skihängen und MTB-Downhills (Vorsicht!) vorbei bis zur Liebesbank (schöner Ausblick) – Schutzhütte passieren und im Rechtsbogen bis zur Lichtung am *Auerhahn* (an der B 242). Anschließend weiter nach rechts wieder in den Fichtenwald hinein und bald darauf links hinab zum Damm des Auerhahnteiches – im Slalom an den Grumbacher und

danach an den Flößteichen vorbei, dann rechts nach Norden abbiegen – auf beschaulichem Weg am Rande des Ortsteils Bockswiese zurück zur Gustav-Adolf-Kirche.

Tourdaten
Länge: 6 km
Schwierigkeitsgrad: leicht
Start: Gegenüber der Stabkirche in Hahnenklee

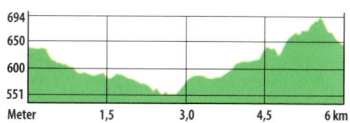

Bad Harzburg

Der Heilklimatische Kurort liegt am Eingang zum Nationalpark Harz und steht bei Natur- und Wanderfreunden hoch im Kurs. Imposante Gebäude in Bäderarchitektur prägen das Erscheinungsbild des Ortes.

In dem weitläufigen Kurpark beeindrucken die unter Verwendung barocker Stilelemente Ende des 19. Jahrhunderts entstandenen Kureinrichtungen wie Badehaus, Juliusbad und Haus des Kurgastes. Die 1569 entdeckte Salzquelle, nach dem regierenden Herzog „Juliushall" genannt, diente zunächst der Salzgewinnung und ab 1820 auch medizinischen Zwecken; die erste Badestube öffnete.

◇◇◇◇◇
Ruine der Harzburg
Heinrich IV. ließ um 1065 auf dem Burgberg die „Hartesburg" zum

Schutz der Goslarer Pfalz errichten. Nach häufigem Besitzerwechsel gehörte die Burg den Welfen und wurde Amtssitz der Herzöge von Braunschweig-Lüneburg. Unterhalb der Burg siedelten Bauern, Waldarbeiter und Köhler, 1338 wird die „Neustadt unter der Harzburg" erwähnt.
König Heinrich IV. schuf im Harz ein ganzes System von Gipfelburgen. Die Harzburg auf dem Großen Burgberg war die bedeutendste und geschichtsträchtigste.
Ein tiefer Quergraben teilte die Anlage: Im Ostteil befanden sich Vor-

Radau-Wasserfall

Tourist-Information
Nordhäuser Straße 4
38667 Bad Harzburg
☎ (05322) 7 53 30
www.bad-harzburg.de

burg, Turm, Palas, Burgmannen-Häuser und Ställe, im Westteil die repräsentativen Stiftsgebäude. Erhalten blieben Ringmauer, Außenwälle und -gräben, Teile der salischen Toranlage und der Kernburg, Verteidigungsanlagen auf der Ostburg, der Stumpf eines quadratischen Turms und der Burgbrunnen auf der Westburg.

1875 wurde in Erinnerung an Bismarcks Worte: „Nach Canossa gehen wir nicht" die 19 Meter hohe *Canossasäule* aufgestellt. König Heinrich IV. blieb dieser Gang seinerzeit nicht erspart. In der Nähe der Säule steht der *Uhlandstein*. Der Dichter Ludwig Uhland weilte 1841 auf dem Burgberg.

◇◇◇◇◇

HarzWaldHaus

Am Rande des Kurparks entführt die rundum erneuerte Wald-Erlebnis-Ausstellung in die vielseitige Natur des Harzes. Begrüßt von Luchs, Waldameise und anderen heimischen wilden Tieren erklären interaktive Exponate großen und kleinen Besuchern den aktuellen Wandel des Waldes, informieren über Nachhaltigkeit und Naturschutz. Hauptattraktion ist Deutschlands größtes Indoor-Formicarium (Ameisen-Erlebniswelt) mit Outdoor-Spielplatz.
Nordhäuser Straße 2 e
☎ *(05322) 78 43 37*
www.harz-wald-haus.de

◇◇◇◇◇

NaturErlebnis Burgberg

Von der Talstation am Kurpark erreichen die Großkabinen der *Burg-*

Nasse Füße bekommen Ross und Reiter jedes Jahr im Juli auf der *Bad Harzburger Galopprennwoche* beim traditionellen „Seejagdrennen". Hierfür müssen die Jockeys ihre Pferde durch einen bis zu 1,30 Meter tiefen künstlichen Teich lenken. Seit 1880 organisiert der Harzburger Rennverein die überregional beachtete Veranstaltung mit etwa acht bis zehn Wettkämpfen auf der historischen Naturrennbahn.

Das benachbarte Harzburger Gestüt besteht seit über 600 Jahren und ist damit Deutschlands ältestes Vollblutgestüt. Berühmte Deckhengste wie Luciano, Platini und Adlerflug sorgten für begehrten Nachwuchs.
www.harzburger-rennverein.de

berg-Seilbahn in steiler, nur dreiminütiger Fahrt den Gipfel (483 m) mit Gast- und Logierhaus. Eine Rückfahrt ist möglich. Ausschließlich in eine Richtung verkehrt hingegen die *Baumschwebebahn* (Tickets am Startturm). Ganz ohne Gondel nur in einem Gurt „fliegt" man mit knapp 15 km/h dicht über Baumkronen hinweg in sechs Minuten vom Berg ins Tal. Hier warten auf dem 700 Meter langen *Baumwipfelpfad* 33 spannende Erlebnisstationen. Auch der *Kletterpark* direkt nebenan lockt mit Hochstimmung in luftiger Höhe.
BurgBergCenter / Kurpark-Pavillon
📞 *(05322) 7 53 30 und 8 77 79 20*
www.baumwipfelpfad-harz.de

<><><><><>

Bündheimer Schloss

Das 1573 von Herzog Julius als Amtssitz erbaute Schloss im Ortsteil Bündheim wurde Ende des 17. Jahrhunderts in Bruchsteinbauweise erneuert. Im Rittersaal finden Konzerte und hochkarätige Gastspiele statt. Bei Kennern geschätzt sind die „Harzburger Musiktage".
www.kulturklub-bad-harzburg.de

<><><><><>

Wasserfall und Wildkatzen

Auf dem Weg nach Torfhaus liegt an der B 4 zunächst linker Hand der Radau-Wasserfall (Betonung auf dem ersten a). 1859 wurde der 1000 Meter

---

Spaß

AdventureGolf-Anlage
im Kurpark, Unter den Eichen
📞 (05583) 8 77 79 28

SKYROPE - Hochseilpark
Im kalten Tal, 📞 (05583) 92 26 28
www.skyrope.de

Märchenwald mit Streichelzoo
Nordhäuser Str. 1 a, 📞 (05322) 35 90
www.maerchenwald-harz.de

Harzsagenhalle auf dem Burgberg
14 Szenenfenster mit Marmorfiguren
zur heimischen Mythenwelt
📞 (05322) 65 23
www.harzsagenhalle.de

Bad Harzburger Sole-Therme
Nordhäuser Str. 2, 📞 (05322) 7 53 60
www.sole-therme-bad-harzburg.de

Spielbank Bad Harzburg
Herzog-Julius-Straße 64 b
📞 (05322) 96 01-0

Sportpark an der Rennbahn
Herbrink 30, 📞 (05322) 7 53 96
www.sportpark-bad-harzburg.de

Freizeitpark Krodoland
Spielscheune, SwinGolf und Reiten
Fasanenstr. 21, 38667 Bad Harzburg, OT
Westerode, 📞 (05322) 87 73 32
www.golfundsoccer.de

lange Abzweig der Radau künstlich angelegt. Etwa drei Kilometer weiter lassen sich an der Marienteichbaude *Wildkatzen* beobachten (täglich 12, 14, 16 Uhr Schaufütterung).
www.marienteichbaude.de

Wanderung zum Luchsgehege

Natur

Teils schmale Waldwege, teils breite Schotterwege, Wanderschuhe empfohlen, Harzklubmarkierung

Von der Talstation der Burgberg-Seilbahn über die Fußgängerbrücke hinweg, der Beschilderung Molken- haus ❌ folgen, am Baumwipfelpfad den Kletterpark passieren und kurz dahinter rechts abbiegen (20 A) zur

Luchs an der Rabenklippe

erfolgreich im Harz wieder Nord-luchse an. Mit dem Schaugehege erfahren die Besucher mehr zu dem Projekt und können den scheuen Jäger beobachten.

Von hier entweder mit dem Linien-bus 875 (im Sommer täglich 5 mal) zurück – oder zu Fuß weiter auf 20 F ▲ und ca. 400 m nach der Förster-tränke links 20 E ▬ zum *Kreuz des Deutschen Ostens* (Vertriebenen-Gedenkstätte), dann zur Kreuzung Säperstelle – geradeaus bergab südlich um den Sachsenberg (19 B) bis zum Abzweig Kleiner Burgberg, rechts hinauf (*Ruine der Harzburg*) – mit Seilbahn, Schwebebahn oder zu Fuß (ausgeschildert) ins Tal hinab.

ehemaligen Sennhütte hinauf bis man wieder auf den breiten Forst-weg zum Molkenhaus stößt – hier nach links zum Langen Tal, nach etwa 400 m den Bach überqueren und nach rechts der Beschilderung „Tiefe Kohlstelle" folgen – an der nächsten Kreuzung den Pfad gera-deaus nehmen zur Kreuzung „Tie-fe Kohlstelle" und weiter auf dem Schotterweg 20 A ❌ bis zur Bus-haltestelle Rabenklippe – rechts den Pfad zu Wirtshaus und *Luchsgehege*. Seit 2000 siedelt der Nationalpark

Tourdaten
Länge: 11,5 km
Schwierigkeitsgrad: mittel
Start: Parkplatz an der Tourist-Info in Bad Harzburg

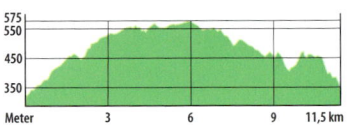

Ilsenburg

Das schroffe Ilsetal mit seinen Naturschönheiten mündet in verwin-kelten Gassen des idyllischen Harzortes, idealer Erholungsort und Ausgangspunkt für Ausflüge. Wasserfälle, Klippen und Felsformatio-nen laden zum Wandern, Klettern, Mountainbiken und Erholen ein.

Ilsenburgs Geschichte ist seit dem 11. Jahrhundert eng mit der Eisenerzge-winnung und -verhüttung verknüpft. Eine neue technologische Epoche begann mit dem 1546 aufgestellten Hochofen, in dem u. a. gusseiserne

Ofen- und Kaminplatten gefertigt wurden. Im 17./18. Jahrhundert er-lebte der Erwerbszweig mit der Ent-wicklung des Ilsenburger Kunstgusses seine Blüte. Die Fürst-Stolberg-Hütte (Museum) erinnert an diese Tradition.

🏛 Kloster mit Klosterkirche

Die einst dreischiffige, flachgedeckte Basilika entstand in romanischer Zeit 1078 bis 1087 mit dreischiffigem Chor, Querhaus sowie sächsischer Westturmfront. Für Deutschland zu der Zeit einmalig war die Gestaltung des Ostabschlusses: ein Chor von drei Schiffen mit je einer Apsis. Eine Krypta fehlte.

Um 1200 erhielt die Kirche ihre Kreuzgratgewölbe und vermutlich den Estrich mit Ritzungen (Tiere und Fabelwesen), von dem Reste im Langhaus zu sehen sind. An den zweitürmigen Westbau erinnern der Stumpf des südlichen Turmes und ein Teil des Zwischenbaus.

Von den Klostergebäuden, nach einem Brand 1120 neu errichtet, blieben die Flügel im Osten und im Süden relativ gut erhalten. Das Refektorium im Südflügel besitzt zwölf teils gedrehte und teils reich gemusterte Säulenschäfte. Aus den Wirtschaftsgebäuden im Westtrakt der Klausur entstand 1862 ein historistisches Schloss. Eine Stiftung kümmert sich um den Erhalt der imposanten Anlage und bietet viele hochwertige Veranstaltungen an.
Schlossstr. 26, 📞 *(039452) 8 01 55*
www.kloster-ilsenburg.de

Hütten- und Technikmuseum

Im ehemaligen Herrenhof des gräflichen Vorwerks erzählen Funktionsmodelle der Hüttentechnik, Kunstgussplatten, Metallgeschirr und vieles mehr von Erzverarbeitung und Eisenguss. Der stadtgeschichtliche Teil des Museums beinhaltet eine Grenzausstellung und zeigt romantische Bilder der Ilsenburger Künstler Robert Riefenstahl, Elise und Georg Heinrich Crola sowie Heinrich Schöne. Bis 2022 wird die Anlage umfassend saniert.
Marienhöfer Str. 9 b
📞 *(039452) 22 22*

Tourist-Information
Marktplatz 1, 38871 Ilsenburg
📞 (039452) 19 433
www.ilsenburg-tourismus.de

Jungborn und Grenzdenkmal

Am Radweg D 3 zwischen Ilsenburg und Stapelburg liegt das Gelände der ehemaligen Kuranstalt „Jungborn", welche Adolf Just als Freikörper-Einrichtung 1896 gegründet hatte. Wenige erhaltene Reste sind

Klosterkirche Ilsenburg

gesichert bzw. freigelegt. Die auf alten Fundamenten neu errichteten Licht-Luft-Häuschen laden mit ausgefallenem Mobiliar zur Ruhe ein.

Im nur vier Kilometer entfernten Stapelburg erinnert das Grenzdenkmal an die Grenzöffnung im Eckertal am 11. November 1989.

Wanderung durchs Ilsetal

Natur

Meist schmale Waldwege, zum Teil mit Gestein und Wurzeln, Wanderschuhe notwendig, Harzklubbeschilderung

Vom Blochhauer (Beginn Ilsetal) den kleinen Wanderweg rechts der Ilse entlang – *Abenteuer-Spielplatz* (mit Disc-Golf) und wenig später *Kletterwald* (www.erlebniswald-ilsetal.de) passieren, weiter bis zur Straße „Ilsetal" – auf dieser ein paar Schritte bis links ein Weg spitz abzweigt ❌ – hier aufsteigend und an der Schutzhütte rechts den breiten Weg bis zum Ilsestein 🔴❌ – schöne Aussicht am Gipfelkreuz, Imbiss.

Nach ca. 300 m Bach überqueren und gleich rechts einbiegen auf den Wanderweg, unterhalb der Paternosterklippe entlang bis man auf den Weg 25 E trifft – diesen nach links bis zum *Gasthaus Plessenburg* (☎ 03943-607535, Mo bis Fr fährt von Mai bis Oktober dreimal der Linienbus 274).

Am ehemaligen Forsthaus auf dem Jagdweg weiter 🔺 bis zur Kreuzung Bremer Hütte (schöner Brockenblick!) – scharf rechts auf 9 E 🔺 an den *Ilsefällen* vorüber zum *Heinrich-Heine-Denkmal* – kurz danach Ilse und Forstweg queren und links der Ilse bis zum Zanthierplatz – auf einem kleinen Pfad rechts der Ilse zur Ilsetal-Straße – am *Nationalparkhaus* (Ausstellung, bis Ende 2021 geschlossen, schräg gegenüber vom Großparkplatz) vorüber und bis zum Blochhauer zurück.

Tourdaten
Länge: 14,5 km
Schwierigkeitsgrad: schwer
Start: Ilsenburg am Blochhauer
(Wandertreffpunkt)

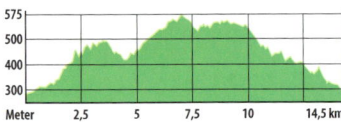

Hochseilpark im Ilsetal

KartoGuide Harz

Die praktische Karten-App mit hauseigenen Kartendaten.
Erkunden Sie den Harz mit dem Smartphone und liebevoll gestalteten, inhaltsreichen und vor Ort produzierten Karten.

www.schmidt-buch-verlag.de/app

Kartenbild

Basiskarte
Wanderkarte
Fahrradkarte
MTB-Trail-Karte

Offline & Suche

Speichern Sie die Karte auf Ihrem Smartphone. Außerdem können Sie die Karte durchsuchen.

300+

Touren

Entdecken Sie den Harz mit mehr als 270 Tourenvorschlägen zum Wandern, Mountainbiken und Radfahren.

Themen

Die Informationen aus unseren Printkarten finden Sie in den Tourensets wie Harzer Hexen-Stieg, Harzer Wandernadel ...

KartoGuide
Harz

Eine App · Ein Abo
Alle Karten · Alle Touren

Das Abo

Wir aktualisieren die Karten regelmäßig. Mit dem monatlichen/jährlichen Abo nutzen Sie stets die aktuelle Version mit allen Funktionen und Inhalten.

» Alle Karten   » Alle Touren   » Stets aktuell

» Alle Aktivitäten   » Alle Funktionen   » Mit Sperrungen

kartoguide.de

Monatlich

Testen für nur 2,99 €*

- ☑ für alle, die gelegentlich Urlaub im Harz machen
- ☑ oder die App erstmal ausprobieren möchten

8,99 €
pro Monat

Jährlich

- ☑ für alle, die oft im Harz unterwegs sind
- ☑ ideal für Stempelsammler

29,99 €
pro Jahr

Gleich herunterladen

Hinweise

Sie schließen Ihr Abo als In-App-Kauf direkt bei Google oder Apple ab.

Die App ist nur im Abo nutzbar.

* Das Probeabo kann nur einmal in Anspruch genommen werden.

HARZ-WANDERKARTEN.DE

Draußen im Harz | KOSTENLOSE ONLINE-EXTRAS

gratis GPS-Tracks

Thematische Fernwanderwege

www.harz-wanderkarten.de/wanderwege-im-harz

In unserem Web-Special finden Sie vielfältige Anregungen für Touren im Harz. Viel Spaß beim Erkunden!

- » **GPS-Tracks**
- » **Beschreibungen**
- » **Karten-Tipps**
- » **interaktive Karten**
- » **aktuelle Informationen**
- » **Literatur-Tipps**

Harzer Hexen-Stieg

harz-wanderkarten.de/harzer-hexen-stieg

Der Prädikatswanderweg quert den Harz von West nach Ost mit einer Länge von rund 95 Kilometern auf der Hauptroute.

Harzer Grenzweg

harz-wanderkarten.de/harzer-grenzweg

Der Harzer Grenzweg führt entlang der ehemaligen innerdeutschen Grenze und verbindet auf 91 Kilometern Natur und Geschichte.

Harzer Kloster-Wanderweg

harz-wanderkarten.de/klosterwanderweg

Geschichte und Spiritualität erlebt man auf dem rund 116 Kilometer langen Harzer Klosterwanderweg durch den Nordharz.

Selketal-Stieg

harz-wanderkarten.de/selketal-stieg

Der urig-romantische Wanderweg geleitet auf 74 km durch unberührte Natur und verbindet kulturelle Höhepunkte des Ostharzes.

---

reiseführer & kartografie • made vor ort. im harz • schmidt-buch-verlag.de

Klosteranlage in Drübeck

Kloster Drübeck

Im Ilsenburger Ortsteil Drübeck befindet sich das ehemalige Benediktinerinnenkloster St. Viti (auch St. Veit), das – wie das Kloster Ilsenburg – zur Straße der Romanik gehört. Das Alter des Klosters ist bei Fachleuten umstritten. Vermutlich erfolgte um 960 die Gründung. Das Langhaus der romanischen Kirche zeigt sich äußerlich ohne Schmuck und Gliederung, innen flachgedeckt und mit dreifachem Stützenwechsel, betont durch hohe Überfang-

Die Klosteranlage dient heute als Pilger- und Tagungsstätte. Orte, um Kraft zu tanken, gibt es hier viele, sei es die Kirche, die Gärten, das Café. Musik- und Gartenfreunde aus nah und fern treffen sich im August zur *„Romantischen Nacht"*. Beide Klöster in Ilsenburg und Drübeck liegen am *Harzer Klosterwanderweg* (🔍 S. 96).

bögen. Im Ergebnis der zweiten großen Bauphase entstand eine aufwendig dekorierte Gewölbebasilika, deren hochromanischer Westbau mit Apsis bis heute seine Grundform bewahrt.
Vor allem durch den Brand 1599 fehlen Seitenschiff und Querschiffarm an der Nordseite. Die ursprünglich fünfschiffige Krypta beschränkt sich zwar nur noch auf zweieinhalb Joche, zeigt aber teils ungewöhnliche Ornamentik (Pferd mit Rankenschweif auf einem Kapitell).
Während der Restaurierung 1992 senkte man den Fußboden auf Originalniveau (das um 1700 eingestürzte Gewölbe hatte den Fußboden erhöht), erneuerte die Flachdecke, mauerte die Zwischenarkaden und in vereinfachter Form auch das südliche Seitenschiff neu auf.
📞 *(039452) 9 43 00*
www.kloster-druebeck.de

Wernigerode

Die „Bunte Stadt am Harz" liegt umgeben von Bergen am Zusammenfluss von Zillierbach und Holtemme. Lange bevor man die reizvolle Innenstadt mit ihren verwinkelten Gassen und bunten Fachwerkhäusern erreicht, grüßt das fürstliche Schloss aus der Ferne. Die nostalgischen Dampfzüge der Harzquer- und Brockenbahn beginnen hier ihre romantischen Fahrten durch den Harz und bis auf den Brocken hinauf.

Mit Beginn der großen Rodungen schlug Ende des 9. Jahrhunderts auch die Geburtsstunde für Wernigerode. 1121 kamen die Grafen von Heimar hierher und bald errichteten sie eine erste Burg. Aus der Siedlung entwickelte sich ein stattlicher Ort mit Handel und Handwerk, dem die Grafen 1229 das Goslarer Stadtrecht verliehen.

Durch das Aussterben des Wernigeröder Adelsgeschlechts ging 1429 die Herrschaft an die Stolberger Grafen. Heinrich zu Wernigerode hatte zuvor mit ihnen eine Allianz geschlossen. Vereint waren fortan auch die Wappentiere beider Grafenhäuser: der Stolberger schwarze Hirsch und die Wernigeröder Forellen. Bereits 1427 hatte Graf Heinrich der Stadt das Spielhaus (heute Rathaus) geschenkt. Um 1900 entwickelte sich der Fremdenverkehr. Auch nach 1945 war die Harzstadt mit ihrem Fachwerkflair bald wieder ein beliebter Urlaubsort und ist es bis heute geblieben.

In der ehemaligen Kreisstadt (bis Juni 2007) leben etwa 34 000 Menschen. Wurden bereits Anfang des 20. Jahrhunderts die Gemeinden Hasserode (das „Hasseröder" Bier zählt zu den deutschen Spitzenmarken) und Nöschenrode eingemeindet, gehören seit 1993 Benzingerode, Silstedt sowie

Minsleben und seit 2009 auch Schierke und Reddeber zu Wernigerode.

<><><><>

Schloss

Das hoch über der Stadt thronende Schloss erzielt von allen Seiten aus betrachtet eine majestätische Fernwirkung. Vermutlich entstand die Feste am heutigen Standort nicht – wie bisher angenommen – im 12., sondern erst im 14. Jahrhundert. Die mittelalterliche Burg und später das Schloss wurden über die Jahrhunderte hinweg mehrmals grundle-

Königszimmer

Schloss Wernigerode

gend umgebaut, z. B. von 1672 bis 1676 zum Barockschloss.

Seine jetzige Gestalt erhielt das Schloss beim Umbau 1861 bis 1883. Graf Otto zu Stolberg-Wernigerode (ab 1890 Fürst) erfüllte sich den Traum vom prunkvollen Repräsentationsschloss und verpflichtete den Blankenburger Architekten Carl Frühling. Optisch sollte es der mittelalterlichen Burg ähneln. So entstand u. a. der alles überragende Bergfried. Im Schlossinnenhof wurde der Fachwerkbau mit Holztafeln errichtet, in denen sich Otto mit seiner Familie durch den Hannoveraner Bildhauer Carl Dopmayer verewigen ließ. Die Schlosskirche erhielt ihre heutige Gestalt 1870 bis 1880.

Ab 16. April 1949 war das Schloss ein Feudalmuseum. Nach 1990 wurden die Ausstellungsräume grundlegend umgestaltet und die Präsentation von Originalem des 19. Jahrhunderts in den Mittelpunkt gerückt. Zwei Rundgänge führen durch das Haus. Der untere beginnt in der Schlosskirche und endet mit den rekonstruierten Gemächern des Fürstenpaares. Im oberen Rundgang wandelt der Besucher durch den Festsaal mit gedeckter Tafel, Gemälden und prunkvoller Kassettendecke sowie durch die Henrichskammern und Königszimmer.

Am Schloss 1, ☎ (03943) 55 30 30
www.schloss-wernigerode.de

◇◇◇◇◇

Rathaus

Der spätgotische Fachwerkbau auf dem Marktplatz zählt zu den schönsten deutschen Rathausbauten. 1277 wurde erstmals an dieser Stelle ein Spielhaus erwähnt, es soll aber wohl schon vorher als Dinghaus den Grafen von Wernigerode gedient haben.

Vermutlich zwischen 1427 und 1450 riss man das alte Spielhaus ab und errichtete unter Wahrung der alten Grundformen auf einem als Weinkeller dienenden Kreuzgratgewöl-

Historisches Rathaus mit Gothischem Haus

be ein zweigeschossiges Gebäude aus Bruchsteinmauerwerk. Urkundlich nachweisbar erfolgte der erste Umbau dann in den Jahren 1494 bis 1498. Auf den massiven Unterbau setzte Andreas Sprengel, der die Arbeiten leitete, ein Fachwerkgeschoss. Zum Ende übernahm Thomas Hilleborch. Er gestaltete den abgewalmten Schaugiebel und die Erkertürmchen.

1539 bis 1544 erweiterte Hilleborchs Sohn Simon das Gebäude um das benachbarte Waaghaus und passte die Fassadengestalt an. Im Laufe der Zeit folgten weitere Anbauten bis schließlich der Platz mit dem heute bestehenden Ensemble um einen kleinen Hof ausgefüllt war.

56 Holzfiguren – geschaffen 1492 bis 1498, 1539 bis 1544 und 1939 – schmücken die Seiten und die mit der doppelläufigen Treppe markante Front des Hauses. Zu sehen sind Figuren im Karnevaltreiben, Heiligengestalten und Handwerker.

◇◇◇◇◇

Gothisches Haus

Das aus der zweiten Hälfte des 15. Jahrhunderts stammende „grote hus am market" ist nach dem Rathaus das historisch bedeutsamste

Wie einst Lemuel Gulliver im Lande Lilliput stehen die Besucher im *Miniaturenpark „Kleiner Harz"* inmitten von über 60 detailgetreuen Modellen (Maßstab 1 : 25) bekannter historischer Gebäude zwischen Nordhausen und Goslar. Die Harzer Schmalspurbahnen und die Seilbahnen Thale sowie der Brocken bereichern die Anlage. Diese ist Teil des Bürgerparks mit Seepromenade, Teichlandschaft und Gärten. Das Haustiergehege sowie Spielplätze zum Klettern, Matschen, Rutschen, Balancieren begeistern Kinder jeden Alters; ab 2022 sicher auch der Erlebnisturm mit Hängebrücke. *www.buerger-und-miniaturenpark-wr.de*

Gebäude am Marktplatz. Es erhielt im 19. Jahrhundert seinen heutigen Namen, als man allgemein alte Häuser als „gothisch" bezeichnete. Ursprünglich der Familie Adenbüttel als Patrizierhaus dienend, erwarb es 1538 Wilhelm Reifenstein d. J., der das Haus prunkvoll ausbauen und mit geschnitzten Figuren versehen ließ.

Zwischen 1989 und 1992 erhielt die gesamte Westseite des Marktplatzes ihr heutiges Aussehen. Alle baufälligen Häuser wurden abgerissen, nur das Gebäude des „Gothischen" blieb als Skelett stehen und wurde restauriert bzw. rekonstruiert.

◇◇◇◇◇

Wohltäterbrunnen

Den Mittelpunkt des Marktes bildet seit 1848 der Brunnen. Er wurde in Ilsenburg im Stil der Neugotik gegossen und 1990/91 sowie 2001/02 restauriert und farblich erneuert.

Maria im Altar von St. Johannis

Tourist-Information
Marktplatz 10, 38855 Wernigerode
☎ (03943) 5 53 78-35
wernigerode-tourismus.de

Seine Wappenschilder am oberen Becken verweisen auf Namen von Adligen. Am mittleren Becken werden verdienstvolle Bürger genannt.

◇◇◇◇◇

St. Johanniskirche

Die älteste Kirche der Stadt mit romanischen und gotischen Bauelementen steht in der Pfarrstraße. Zwischen 1265 und 1279 außerhalb der damaligen Stadtmauern erbaut, diente die Kirche vor allem den Bewohnern der Neustadt.

Über dem Haupteingang grüßt der „Rufer in der Wüste", ein Werk des zeitgenössischen Wernigeröder Künstlers Karl-Heinz Ziomek. Die 500 Jahre alte Figur des Täufers Johannes, dem die Kirche geweiht wurde, schmückt eine Chorwand im Inneren. Prunkstück der Ausstattung ist der doppelt klappbare Altar mit reichen Schnitzereien (Anfang 15. Jahrhundert). Bemerkenswert sind zudem das Kruzifix (um 1500), der achteckige, gotisch profilierte Taufstein sowie die Ladegast-Orgel. Neue Fenster im Chor schuf 2016 der Glasgestalter Günter Grohs.
www.ev-kirche-wernigerode.de

◇◇◇◇◇

St. Sylvestrikirche

Die Pfarrkirche St. Georg, 1230 als solche von der Liebfrauenkirche abgelöst, wurde von den Wernigeröder Grafen 1265 zum Benediktiner-Chorherrenstift St. Sylvester

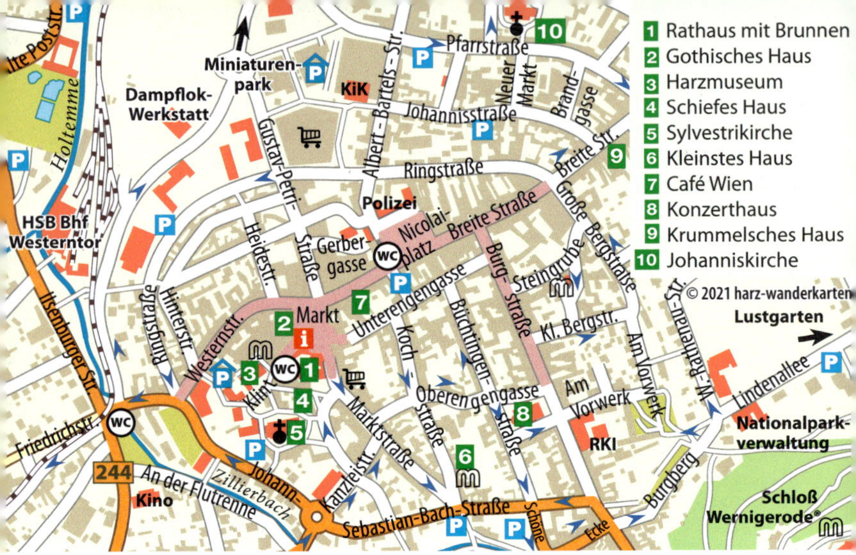

Pfarrstraße
10
Alte Poststr.
Holtemme
Miniaturen-park
Dampflok-Werkstatt
KiK
Gustav-Petri-Str.
Albert-Bartels-Str.
Johannisstraße
Neuer Markt
Brand-Gasse
9
Ringstraße
Breite Str.
Polizei
Nicolai-platz
Breite Straße
Große Bergstraße
HSB Bhf Westerntor
Gerber-gasse
WC
Burgstraße
Steingrube
Ilsenburger Str.
Hintererstr.
Bergstr.
Westernstr.
Heidestr.
Straße
Unterengengasse
Markt
7
2
WC
1
Büchtingen-straße
Kl. Bergstr.
Am Vorwerk
St.-Katharinen-Str.
Lustgarten
© 2021 harz-wanderkarten
Koch
Lindenallee
Friedrichstr.
WC
Klint
3
4
5
Oberengengasse
8
Am Vorwerk
Nationalpark-verwaltung
244
An der Flutrenne
Kino
Zillierbach
Markstraße
Straße
6
RKI
Burgberg
Ecke
Schöne
Schloß
Wernigerode®
Johann-
Kanzleistr.
Sebastian-Bach-Straße

1 Rathaus mit Brunnen
2 Gothisches Haus
3 Harzmuseum
4 Schiefes Haus
5 Sylvestrikirche
6 Kleinstes Haus
7 Café Wien
8 Konzerthaus
9 Krummelsches Haus
10 Johanniskirche

erhoben. Mit dieser Umwandlung erfolgten erste Umbauten der ursprünglich kreuzförmigen Basilika. Die größten Veränderungen erfuhr die Kirche jedoch ab 1880, als u. a. die Doppelturmfront im Westen dem neugotischen Turm weichen musste. Im Inneren dominiert spätmittelalterliches Inventar.
www.ev-kirche-wernigerode.de

Schiefes Haus

Konzerthaus Liebfrauen

Der romanische Bau brannte 1751 bis auf die Grundmauern nieder. Nach Plänen des gräflichen Baumeisters Heintzmann entstand zwischen 1756 und 1762 eine neue Kirche. Seit 1888 überragt ihr neugotischer Turm alles ringsum Stehende (Aussichtsturm).

Seit 2017 nicht mehr als Kirche genutzt, verwandelte eine engagierte Stiftung das Baudenkmal in ein Konzerthaus, das nicht nur die Orgel, sondern auch die imposante Fürstenloge, den Kanzelaltar und die Emporen bewahrt. Die mächtige Holztonnendecke sorgt für ein fulminantes Klangerlebnis.

Schiefes Haus (Museum)

Umspült von den Fluten des alten Mühlgrabens hatten sich bereits die Grundmauern einer Teichmühle aus dem 14. Jahrhundert gesenkt. Auf dieses schiefe Fundament errichtete man 1680 das heutige Fachwerkhaus, dessen Ostfassade etwa 1,30 Meter aus dem Lot fällt. Die schwindelerregenden Räume dienen nun als Museum zur Geschichte des Hauses und als Galerie.

Klintgasse 5, ☎ (03943) 6 91 10
www.museum-schiefes-haus.de

◇◇◇◇◇

Kleinstes Haus (Museum)
Am Ende der Marktstraße steht das kleinste Haus der Stadt. Das zwei kleine Fenster breite Gebäude füllte kurz nach 1800 eine Lücke in der Häuserzeile. Noch bis 1976 bewohn-

Kochstraße mit Kleinstem Haus

Kultur

Harzmuseum
Klint 10, ☎ (03943) 65 44 54
www.harzmuseum.de

Krellsche Schmiede
Breite Straße 95, ☎ (03943) 55 73 73

Luftfahrtmuseum
Gießerweg 1, ☎ (03943) 63 31 26
luftfahrtmuseum-wernigerode.de

Spaß

Harz Escape
Klintgasse 3, ☎ 0176 51967691
www.harz-escape.de

HarzGames - Live Adventures
Gießerweg 3, ☎ 0152 34 11 76 67
www.harzgames.de

Baumkuchenhaus Nr. 1
Neustadter Ring 17, ☎ (03943) 632726
www.harzer-baumkuchen.de

Wildpark Christianental
freier Zugang, ☎ (03943) 2 52 92
www.christianental.de

Hasseröder Ferienpark
Spaßbad, Indoor-Spielewelt, Bowling
Nesseltal 11, ☎ (03943) 55 70-0
www.hasseroeder-ferienpark.de

Reiterhof Mühlental
Friederikental 1, ☎ (03943) 2 41 44
www.reiterhof-wernigerode.de

te es eine Frau, der ein Flur, ein Abstellraum, ein kleines Zimmer und eine noch kleinere Dachkammer zur Verfügung standen. Das Haus kann besichtigt werden.

Kochstraße 43, ☎ (03943) 60 60 16

◇◇◇◇◇

Café Wien (Breite Straße 4)
Geradezu verspielt gestaltet sich die Renaissance-Fassade mit ihrem dreifenstrigen Giebelerker, den Fächerrosetten, Schiffskehlen, Knaggen und Ornamenten. Die geschnitzte Zahl 1583 auf der Saumschwelle des Fachwerkobergeschosses verweist auf das Baujahr des Gebäudes, in dem 1897 der Bäcker und Konditor Wilhelm Hauer die Kaffeehaus-Ära begründete.

Zu DDR-Zeiten gehörte es zur volkseigenen Handelsorganisation (HO), die den Namen „Café Wien" einführte. Seit 1990 bewirtet Familie Siegemund die Gäste, die sich von Spiegelwänden und passendem Mobiliar begeistert zeigen.

Krummelsches Haus

◇◇◇◇◇
Gadenstedtsches Haus

Das am Oberpfarrkirchhof 1582 errichtete Haus diente dem gräflichen Hauptmann Dietrich von Gadenstedt als Wohnhaus (heute Gemeindehaus). Es fällt vor allem durch seinen weit vorkragenden Erker aus der Hochrenaissance auf.
Insgesamt versprüht das idyllische Fleckchen an der Sylvestrikirche mit Fachwerkhäusern des ältesten Bautyps der Stadt altertümliches Flair, sowohl durch die sorgsam restaurierten Häuschen als auch durch die Pflasterung mit Natursteinen.

◇◇◇◇◇
Krummelsches Haus

Hinter einer lückenlos in Holz geschnitzten Fassade verbirgt das Haus in der Breiten Straße 72 seine Fachwerkkonstruktion. Der Korn-

händler Heinrich Krummel ließ sich 1674 dieses Haus bauen und Wilhelm Gerlitz vollendete 1875 das Werk. Zu den Bildreliefs gehören „Africa" (Frau auf einem Gürteltier) und „Der Menschen Sterblichkeit" (Knabe mit Sanduhr und Totenschädel).

Radtour zur Glasmanufaktur

Natur

Überwiegend kraftfahrzeugfreie beschilderte Radwege und Nebenstraßen, GlasErlebniswelt, Museumshof

In Wernigerode vom Parkplatz Anger durch die Gerichtsstraße, dann rechts auf die Schmatzfelder Straße einbiegen und im zweiten Kreisverkehr die erste Ausfahrt nehmen – auf dem *Holtemme-Radweg* entlang des Flusses der Beschilderung bis zur Glasmanufaktur (Führungen, Gastronomie, Spielplatz, Shop, ☎ 039453-6800) folgen – auf dem gleichen Weg zurück bis Silstedt – zum *Museumshof* (historische Landtechnik, Bauernstuben, ☎ 03943-22029) in der Ortsmitte – auf dem Holzweg zum Ortsausgang, links in den Ahornweg, durch die Clara-Zetkin-Straße und dann links auf dem

Radweg W 1 entlang, über die A 36 hinweg (Brücke) – entsprechend den W 1-Schildern bis nach Benzingerode (*neoromanische Kirche*) und weiter, straßenbegleitend, nach Wernigerode zurückfahren.

Tourdaten
Länge: 22,0 km
Schwierigkeitsgrad: leicht
Start: Parkplatz Anger in Wernigerode

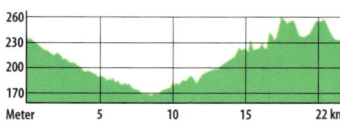

Harzer Schmalspurbahnen

Zu den bedeutendsten Schmalspurbahnen Deutschlands gehören die Strecken im Ostharz. Bis 1989 von der Reichsbahn mitbewirtschaftet, arbeitet das aus Harzquer- und Brockenbahn sowie Selketalbahn bestehende Unternehmen heute eigenständig als GmbH. An ihr sind zwei Landkreise, 16 Städte und Kommunen sowie eine Kurbetriebsgesellschaft beteiligt.

Auf den Gleisen der Harzer Schmalspurbahnen (Spurweite 1 000 Millimeter) fahren überwiegend nostalgische schwarze Dampfloks: Neubauloks aus den 1950er-Jahren oder Mallets. Sie ziehen bis zu neun Reisezugwagen, die mittlerweile auch fast einhundert Jahre auf dem Buckel haben. Bequeme Polsterüberzüge für die Bänke, neue Lampen und Gepäckablagen machen heutiges Reisen angenehmer.

Zu den Dampfloks gesellen sich historische und moderne Triebwagen,

© 2021 harz-wanderkarten.de

Dampfzüge der Harzquer- und Brockenbahn bei Drei Annen Hohne

die vorwiegend im Südharz verkehren. Dieselloks der Baureihe V 100 kommen kaum noch zum Einsatz.

◇◇◇◇◇

Harzquer- und Brockenbahn

Bereits seit 27. März 1899 verbinden Züge der Harzquer- und Brockenbahn die Orte Nordhausen und Wernigerode. Die *Bauarbeiten* der gut 60 Kilometer langen Strecke gestalteten sich teils sehr schwierig. Zwischen der Steinernen Renne und Drei Annen Hohne mussten sich die Bauleute 70 Meter durch einen Berg hindurchwühlen. Auf dem Weg zum Brockenplateau galt es, hinderliche Felsvorsprünge wegzusprengen und massenweise nachgebenden Torf aus den Brockenmooren auszuheben. Neben diesen natürlichen taten sich auch menschliche Hürden auf: 32 Hasseröder weigerten sich, die schnaufenden Ungeheuer über ihre Grundstücke fahren zu lassen. Alle verloren jedoch die Gerichtsprozesse gegen die Bahnbaugesellschaft.

Die Endstelle der *Harzquerbahn* befindet sich auf dem Gelände des Hauptbahnhofes Wernigerode. Man kann in der bunten Stadt außerdem

Harzer Schmalspurbahnen
Friedrichstraße 151
38855 Wernigerode
☎ (03943) 5 58-0
www.hsb-wr.de

am Bahnhof Westerntor, am Haltepunkt Hochschule Harz und an der Station Hasserode sowie kurz hinter dem Ort am Haltepunkt Steinerne Renne zusteigen. Auf der relativ steilen Strecke nach Drei Annen Hohne quält sich die Lok mit einer Geschwindigkeit von etwa 25 km/h ungefähr eine Dreiviertelstunde die Harzberge hinauf.

Über Elend, Sorge, Benneckenstein und Tiefenbachmühle gelangt man mit dem schnaufenden Dampfross an den Knotenpunkt Eisfelder Talmühle. Hier kann man nach Hasselfelde/Quedlinburg (Selketalbahn) umsteigen. Über Netzkater und Ilfeld verlässt die Schmalspurbahn die Berge und dampft an Getreidefeldern vorbei über Niedersachswerfen nach Nordhausen-Krimderode und Nordhausen-Altentor bis Nordhausen-Nord. Die gesamte Fahrt dauert gut drei Stunden. Seit 1996 gibt es einen Triebwagenfahr-

plan für die Strecke Ilfeld – Nordhausen-Nord mit fünf zusätzlichen Haltepunkten.

Die *Brockenbahn* bildet den Abzweig von Drei Annen Hohne über Schierke zum Brocken hinauf. Die Strecke quert die Kernzone des Nationalparks Harz. Seit 1. Juli 1992 fährt die Brockenbahn wieder täglich mit mehreren Zügen auf den höchsten Harzgipfel. Auf dieser Strecke sind teilweise Steigungen von 1 : 30 (ein Meter Höhenunterschied auf 30 Metern Strecke) zu bewältigen. Für eine reine Adhäsionsbahn, die also ohne helfenden Zahnradantrieb oder ähnlichem auskommen muss, eine stattliche Leistung!

Alle acht Jahre müssen sich die Dampfrösser einer Hauptuntersuchung unterziehen. Dies geschieht ab 2022 in der neuen *Dampflokwerkstatt*, gleich neben dem Westerntorbahnhof Wernigerode. In der riesigen Halle werden die Loks in etwa 4000 Einzelteile zerlegt. Besucher können von einer Galerie aus die Arbeiten verfolgen.

Zur rockigen *„FAUST"-Aufführung* fahren mehrmals im Jahr Sonderzüge direkt auf den Brocken. Schon während der Anreise sorgen in den Waggons Hexe und Teufel mit losem Mundwerk für feucht-fröhliche Unterhaltung, um den nächtlichen Kulturgenuss im Goethesaal stimmungsvoll vorzubereiten. Mit ganz vielen Gestalten der Unterwelt schnauft jeweils am Abend des 30. April ein geschmückter *Walpurgis-Zug* aus Wernigerode hinauf nach Schierke, wo bereits nachmittags zahlreiche Veranstaltungen zum unzüchtigen Treiben einladen. Ein zweiter Zug schlängelt sich durchs Selketal zur Walpurgisfeier in Stiege. Neben weiteren *Sonderfahrten* mit historischen Loks und Waggons sowie mit dem *Schienencabrio* gibt es noch Dampfzug-Touren, bei denen je nach aktuellem Anlass *Nikolaus oder Osterhase* mitfahren. Gelegenheit zu einer *Mitfahrt auf dem Dampflokführerstand* bietet das Bahnunternehmen nach Terminvereinbarung. Und ganz ohne Anmeldung kann man freitags (außer an Feiertagen) eine *Werkstattführung* am Wernigeröder Bahnhof Westerntor erleben.

Mallet bei Mägdesprung

◇◇◇◇◇
Selketalbahn

Viele Natur- und Eisenbahnfreunde sind sich einig: Eine Fahrt mit der Selketalbahn bietet mehr Romantik als mit der größeren Schwester Harzquerbahn. Das liegt wohl daran, dass man für die Strecke durchs Selketal besonders verwegene Trassen beschreiben musste, die weitgehend durch ursprüngliche Landschaft führen.

Mit der am 10. Mai 1886 erfolgten Gründung der Gernrode-Harzgeröder Eisenbahngesellschaft (GHE) hatte alles offiziell begonnen. Ende September drang der erste Spaten einer Hannoveraner Firma ins Erdreich des Selketals. Ein knappes Jahr später war die 10,2 Kilometer lange Strecke von Gernrode nach Mägdesprung fertig. Bis Güntersberge ging alles in Windeseile weiter und am 1. Mai 1892 war das Werk vollbracht und Hasselfelde erreicht.

Der Endpunkt der Selketalbahn ist seit 2006 Quedlinburg. Ein stillgelegter Bahndamm der Regelspur wurde dafür innerhalb kurzer Zeit umfunktioniert. Von hier verkehren Triebwagen bzw. dampfen die mit zwei oder drei Wagen bestückten Loks nach Gernrode und dann weiter über Osterteich, Sternhaus-Haferfeld, Sternhaus-Ramberg sowie Mägdesprung nach Alexisbad. Einige Züge zweigen in das wenige Kilometer entfernte Harzgerode ab. Die Fahrt von Alexisbad geht weiter über Silberhütte, Straßberg und Friedrichshöhe sowie Albrechtshaus nach Stiege, wo seit 1984 eine bemerkenswerte Wendeschleife mit sehr geringem Halbmesser besteht. Von Stiege ist die nächste und letzte Station der Selketalbahn dann Hasselfelde.

Weite Ausblicke hinein in die Goldene Aue, Abstecher zu Burgruinen sowie schmale naturbelassene Pfade und vieles mehr bietet der *Südharzer Dampflok-Steig*. Die mit einer roten Lokomotive markierte Route führt seit 2018 auf einer Länge von 42 Kilometern vom Bergdorf Sophienhof über Rabensteiner Stollen, Poppenberg und Gänseschnabel bis Nordhausen. Technik-Begeisterte kommen auf der abwechslungsreichen Tour vor allem an den Bahnhöfen Eisfelder Talmühle (Umsteigeknotenpunkt zur Selketalbahn), Netzkater (Rabensteiner Stollen) und Ilfeld auf ihre Kosten (🔎 S. 96). *www.harz-wanderkarten.de/ harzer-dampfloksteig*

Halberstadt

Zwischen Harz und Huy liegend, bildet die Hauptstadt des im Juli 2007 gegründeten Harzkreises den Mittelpunkt des nördlichen Harzvorlandes. Ein anglo-amerikanischer Bombenangriff zerstörte am 8. April 1945 insgesamt 82 Prozent der Bausubstanz. 1990 wurde Halberstadt zur Modellstadt für Stadtsanierung erklärt, um die wenigen erhaltenen Fachwerk-Reste zu restaurieren und somit zu bewahren. Seit 1998 steht am neu gestalteten Fischmarkt das wiedererrichtete alte Rathaus.

Die Geschichte des Ortes reicht vermutlich bis ins 4./5., sicher aber bis ins 9. Jahrhundert zurück. Um 804 verlegte Karl der Große den Bischofssitz von Seligenstadt (heute Osterwieck) hierher, wo sich im Schutz der Gaugrafen- und der Domburg eine bischöfliche Marktsiedlung entwickelte. Ausgestattet mit Markt-, Münz- und Zollrecht sowie Gerichtsbarkeit entfaltete sich Halberstadt zu einer der größten Städte des Reiches.

Während der Reformation wurden zahlreiche Klöster im Umfeld geplündert und zerstört. Bischof von Halberstadt Kardinal Albrecht galt als Widersacher Luthers. Erst unter Bischof Heinrich Julius, Herzog von Braunschweig, war der Protestantismus 1591 auch im Dom eingeführt. 1648 wurde das Bistum aufgelöst, Halberstadt gehörte fortan zu Kurbrandenburg. Als Hauptort des Fürstentums lebten in der Stadt Beamte,

Dom St. Stephanus mit der Liebfrauenkirche im Hintergrund

Stiftsgeistliche, Lehrer, Juristen, Kaufleute und mit ihnen erfuhr die Stadt vor allem ab der zweiten Hälfte des 18. Jahrhunderts eine hohe geistige Anregung, so u. a. durch Gleim und Spiegel. Nach der Zerstörung der Stadt im Zweiten Weltkrieg errichteten die DDR-Oberen 10 000 Neubauwohnungen unter sträflicher Vernachlässigung städtebaulicher und denkmalpflegerischer Aspekte.
In Halberstadt und seinen Ortsteilen leben heute knapp 40 000 Menschen.

◇◇◇◇◇

Domplatz

Ein von vier Toren durchbrochener Mauerring (Reste noch zu sehen) umgab den gesamten Platz zwischen Liebfrauenkirche und Dom. Die mittelalterlichen Gebäude, die den Platz flankierten, wurden vom 16. bis 18. Jahrhundert durch neue Bauten ersetzt.

◇◇◇◇◇

🏛 Dom St. Stephanus

Bereits um 800 ist von einer karolingischen Missionskirche die Rede, aus der durch eine Erweiterung der 859 geweihte erste Dom hervorging. Nachdem dieser 965 teilweise eingestürzt war, entstand bis 992 eine neue Basilika. Dieser durch die Eroberungsschlacht 1179 stark beschädigte ottonische Dom wurde bis 1220 umfassend restauriert. Ab 1239 wich er allmählich der prächtigen gotischen Kathedrale, geweiht 1491.
Trotz der langen Bauzeit zeigt sich der schluchtartig aufstrebende Kirchenraum dem heutigen Betrachter als Einheit. Hohe spitzbogige Arkaden trennen die drei Schiffe voneinander. Zwischen Mittelschiff und Chor erhebt sich der Lettner aus dem 14. Jahrhundert. Darüber erinnert die hölzerne *Triumphkreuzgruppe* (um 1220) an den spätromanischen Vorgängerbau. Ein gleichsam bedeutendes Ausstattungsstück ist der romanische Taufstein aus Rübeländer Marmor. Mehrere Sandsteinfiguren (14. bis 16. Jahrhundert) schmücken das Langhaus.
Der *Domchor mit Chorumgang* und östlich angrenzender Marienkapelle entstand ab 1350. Pfeilerfiguren (zwölf Apostel und die Dompatrone Sixtus und Stephanus; 15. Jahrhundert), Standbilder, Grabmäler und die bemalten Glasfenster (u. a. ein hochgotischer Zyklus in der Marienkapelle) betonen die Bedeutung dieses Bauteils.

John Cage (1912-1992) zählt zu den außergewöhnlichsten Musikern und Komponisten des 20. Jahrhunderts. Sein Orgelwerk „Organ 2/ASLSP (As Slow(ly) and Soft(ly) as Possible)" wird seit 2001 (Beginn des Orgelbaus) bzw. 2003 (am 5. Februar ertönte der erste Klang) in der *Burchardi-Kirche* in Halberstadt aufgeführt. „So langsam wie möglich" lautet die Spielanweisung und so ist mit dem Finale im Jahre 2 639 zu rechnen.
Am Kloster 1, 📞 (03941) 62 16 20 www.aslsp.org

Tourist-Information
Holzmarkt 1, 38820 Halberstadt
📞 (03941) 55 18 15
www.halberstadt.de

Vom Neubau der Klausur um 1240/50, der romanische Bauteile des Vorgängers einbezog, sind einzelne Bauten erhalten, so der zweigeschossige, kreuzgratgewölbte *Kreuzgang* und der Remter.

Der Dom zu Halberstadt besitzt eine der bedeutendsten sakralen Kunstsammlungen Deutschlands. In der modernen umfangreichen *Domschatz*-Ausstellung sind u. a. liturgische Gewänder, Kirchengeräte, Möbel, Altäre, Tafelbilder und Reliquiare zu sehen. Ältestes Stück der Sammlung ist das Diptychon des römischen Konsuls Constantinus (416), einmalig die vergoldete byzantinische Weihbrotschale (11. Jahrhundert). Im Neuen Kapitelsaal finden die monumentalen *romanischen Bildteppiche* – der Abraham-Engel-Teppich (um 1150) und der Christus-Apostel-Teppich – eine angemessene Präsentation.

Domplatz 16 a, ☎ *(03941) 2 42 37*
www.dom-schatz-halberstadt.de

><><><

 Liebfrauenkirche

Bereits 1005 gründete der Halberstädter Bischof Arnulf ein Kollegiatstift, von dessen erster Kirche nichts mehr vorhanden ist. Die heutige hochromanische, kreuzförmige und dreischiffige Pfeilerbasilika entstand unter Bischof Rudolph, der sie 1146 weihte. Nach der Säkularisierung des Stifts 1810 verfiel das Gotteshaus zusehends, bis 1835 eine von Ferdinand von Quast geleitete umfassende Restaurierung begann. Stark beschädigt wurde die Liebfrauenkirche beim Bombenangriff am 8. April 1945.

Detail der südlichen Chorschranke

Der Kirchenbau ist in ruhigen ausgewogenen Formen klar gegliedert. Auch das Innere der Kirche präsentiert sich in schlichter Monumentalität. Schnell aufeinanderfolgende Pfeilerpaare – quadratische und rechteckige im Wechsel – bestimmen die Atmosphäre im Langhaus. Ursprünglich war die Kirche großfigurig und farbig bemalt. Im 19. Jahrhundert wurden die damals bereits übertünchten Kostbarkeiten aus der Zeit um 1240 entdeckt und abermals übermalt. Reste bewahren die Fenster des südlichen Obergadens und die Querhausgewölbe (stuckierte Heiligenscheine und Gestirne). *Chorschranken* zwischen Vierung und Querhausarmen besaß bereits die Stiftskirche von Bischof Rudolph, die aber 1179 stark beschädigt wurden. Daraufhin erhielten die 2,15 Meter hohen Schranken um 1200/1210 ihre Stuckierung mit der eindrucks-

1 Kreuzgang
2 Liebfrauenkirche
3 Domschatz
4 Dom St. Stephanus
5 Kreuzgang Dom
6 Martinikirche
7 Gleimhaus
8 Städt. Museum
9 Heineanum

©2021 harz-wanderkarten.de

vollen Darstellung von Maria, Christus und den Aposteln. Sie zählt zu den bedeutendsten romanischen Plastiken Deutschlands.

Im westlichen Vierungsbogen hängt ein spätromanisches *Triumphkreuz*, eines der bedeutendsten in der Gruppe sächsischer Monumentalkreuze des 13. Jahrhunderts. Es gehörte zu einer Triumphkreuzgruppe, die wiederum Teil eines Westlettners war, der anstelle des heutigen eisernen Chorgitters stand.

Domplatz 46, 📞 *(03941) 2 42 10*
liebfrauenkirche-halberstadt.de

◇◇◇◇◇

Dompropstei am Domplatz

Der erste protestantische Halberstädter Bischof Heinrich Julius veranlasste den Bau der Dompropstei. Sie entstand 1592 bis 1611. Auf einer Sandsteinkolonnade erhebt sich das vorkragende Fachwerkobergeschoss; die Hofseite ist komplett in Fachwerk errichtet. 1884 wurde das Gebäude um sieben Pfeilerarkaden verkürzt. Nach den schweren Zerstörungen 1945 erfolgte eine umfangreiche Restaurierung bzw. Rekonstruktion (Obergeschoss). Zu sehen sind die Wappen ehemaliger Domherren. In der 2002/03 restaurierten

Dompropstei hat heute der Dekan der Hochschule Harz, Außenstelle Halberstadt, seinen Sitz.

◇◇◇◇◇

Städtisches Museum und Heineanum

Das 1905 in der Spiegelschen Kurie eingerichtete Museum besitzt eine reiche ur- und frühgeschichtliche Sammlung. Plastik, Malerei und Kunsthandwerk ergänzen die Ausstellung, ebenso die Modelle Halberstädter Fachwerkhäuser.

Im Seitentrakt befindet sich das Vogelkundemuseum „Heineanum", das zugleich Forschungsstätte ist. Zum Bestand gehören etwa 27 000 Präparate sowie eine naturkundliche Fachbibliothek mit 14 000 Bänden. Besonders wertvoll sind zwei montierte Saurierskelette.

Domplatz 36, 📞 *(03941) 55 14 70*
www.museum-halberstadt.de

◇◇◇◇◇

Gleimhaus (Literaturmuseum)

Johann Wilhelm Ludwig Gleim besetzte 1747 die Stelle des Domsekretärs in Halberstadt und zog in das Fachwerkhaus am Domplatz ein. Er wohnte und arbeitete hier bis zu seinem Tod 1803. Das Museum bewahrt die 10 000 Bände umfassen-

Rekonstruiertes Rathaus mit Roland

de Bibliothek Gleims sowie noch einmal so viele Korrespondenzen von Dichtern und Schriftstellern und bietet damit einen reichen Fundus für die Erforschung der deutschen Aufklärungsliteratur. Zu besichtigen ist auch der von Gleim begründete „Freundschaftstempel", eine Sammlung von 130 Porträts.

Domplatz 31, ☎ (03941) 6 87 10
www.gleimhaus.de

⬥⬥⬥⬥⬥

Martinikirche

Urkundlich genannt wird sie erstmals 1186 als Kirche der Bürgergemeinde außerhalb der Stadt. Ihr heutiges Aussehen erhielt die dreischiffige Hallenkirche im 13. und 14. Jahrhundert. Die Türme, gegliedert von hohen übereinanderliegenden Schallöffnungen, lösen sich im letzten Geschoss vom Mittelbau und sind in Höhe des Dachansatzes durch einen überdachten Mittelgang miteinander verbunden. So zeichnet sich die Martinikirche

als auffälliges Wahrzeichen in die Halberstädter Silhouette. Der Aussichtsbereich im Westbau bietet einen schönen *Blick zum Domplatz*. Das Hauptportal der Kirche mit der Skulptur des Heiligen Martin im Tympanon (18. Jh) befindet sich an der Südseite des Langhauses. Zum ältesten erhaltenen Inventar der Kir-

Kultur

Nordharzer Städtebundtheater
Großes Haus und Kammerbühne
Spiegelstr. 20a, ☎ (03941) 69 65 65
www.harztheater.de

Spaß

Freizeit- und Sportzentrum
Gebrüder-Rehse-Straße 12
☎ (03941) 6 87 80
www.fsz-halberstadt.de

Kinopark Zuckerfabrik
7 Kinosäle, Bowling, Sportangebote
Gröperstraße 88, ☎ (03941) 586-616
www.zuckerfabrik.de

Indoorspielplatz
Ebereschenhof 5
☎ (03941) 6 21 21 30
www.hawoge-spiele-magazin.de

che zählt das bronzene Taufbecken (Anfang 14. Jh). Vier kniende Männer tragen den reliefierten Kessel und gießen aus ihren Gefäßen Wasser (Personifizierung der Paradiesströme). Die qualitätvolle, hölzerne Renaissance-Kanzel stammt von 1595, der prächtige Barock-Altar in der Chorapsis von 1696.

Martiniplan 1, ☎ (03941) 60 95 19

◇◇◇◇◇

Fachwerkbauten

Vor der Bombardierung 1945 gehörte Halberstadt zu den schönsten Fachwerkstädten Deutschlands. Das *Rathaus* (1381) erhob sich zwischen beiden Märkten als Sandsteinbau mit einer 1663 angefügten Ratslaube. Seit September 1998 steht es wieder dort, aufwendig rekonstruiert. Seinen Ursprungsplatz, nämlich am Rathaus, erhielt damit auch der 4,39 Meter große, *steinerne Roland*, der nach 1945 an die Westfront der Martinikirche gesetzt worden war. Er stammt aus dem Jahr 1433.

In der Gerberstraße bewahrt *St. Florian* äußerlich die Bauweise um 1575. Das 1602 errichtete Haus *Hoher Weg 2* diente den Gerbern, worauf die Gerberböden und die La-

Aussichtsturm „Belvedere" in Spiegelsberge

deluke verweisen. In unmittelbarer Nachbarschaft (Nummer 1) steht die sogenannte *Kulkmühle* von 1594. Die Ratsmühle besitzt auffallende Arkadenbrüstungen.

◇◇◇◇◇

Spiegelsberge

In den 1761 von Ernst Spiegel angelegten englischen Landschaftsgarten mit Schlösschen und Aussichtsturm lockt auch der Tierpark, ein Naturerlebniszentrum mit über 250 Tieren in 75 Arten.

Spiegelsberge 4, ☎ (03941) 2 41 32
www.halberstadt.de

Im sieben Kilometer entfernten Ortsteil Ströbeck wird Schach gespielt, und zwar auch im Schulunterricht! Überall im *„Schachdorf"* (seit 1991 offiziell) trifft man auf das Spiel, auf dem Schachplatz, an Häusern und im Museum. Letzteres ist allerdings seit einem Brand im November 2019 geschlossen. Die Sammlung muss wegen Rußschäden restauriert und das Haus neu aufgebaut werden. *schachmuseum-stroebeck.de* Die bis zum Beginn des 20. Jahrhunderts bewohnten *Sandsteinhöhlen* im Ortsteil Langenstein (im Felsen der Altenburg und am Schäferberg) sind zum Teil restauriert und zu besichtigen. Küche, Wohn- sowie Schlafraum verteilen sich meist auf nur etwa 30 m² Grundfläche. Eine starke Säule stützt die Decke. Die Wohnhöhlen waren beheizbar.

Blankenburg

Als „Blütenstadt" empfiehlt sich Blankenburg seit Generationen wegen seiner zahlreichen Parks und gepflegten innerstädtischen Blumenrabatten. Heilsame Schlamm- und Moorvorkommen sorgten 1937 für die Ernennung zum Kurbad. Gute Luftqualität und mildes Gebirgsklima verhalfen dem beschaulichen Städtchen 2016 zu dem offiziellen Titel „Staatlich anerkannter Erholungsort", in dem sich knapp 20 000 Menschen wohlfühlen.

Seinen Namen erhielt der Ort von der 1123 erstmals erwähnten Burg, die sich anstelle des Schlosses erhob. Zehn Jahre später taucht in der Geschichtsschreibung Graf Poppo von Blankenburg auf. Dieses Geschlecht starb 1599 mit dem Tod des vierjährigen Johann Ernst aus, wodurch die Stadt an das Herzogtum Braunschweig-Wolfenbüttel fiel. 1690 verlegte Herzog Ludwig Rudolph seine Residenz hierher. Blankenburg ist bekannt für seine klug eingefädelten Hochzeiten. So schloss die Blankenburger Prinzessin Elisabeth Christine 1708 in Barcelona mit dem späteren Spanien-König Carl III. den Bund der Ehe. Ebenfalls aus Blankenburg stammt Charlotte Christine Sophie, die 1711 Zarewitsch Alexej, Sohn Zar Peter des Großen, heiratete.

Kleines Schloss mit barockem Terrassengarten

Renaissance-Rathaus

◇◇◇◇◇

Großes Schloss

Die Reste der ehemaligen Burganlage dienten einem Renaissance- und später einem Barockneubau als Grundlage. Das Schloss in seiner jetzigen Form stammt aus den Jahren 1705 bis 1718. Zu den besonderen Räumen gehören der Kaisersaal im Alten Flügel, der Theatersaal, in dem die berühmte „Neuberin" mit ihrer Truppe auftrat, die Schlosskapelle, die Herzogliche Bibliothek sowie der Graue Saal im Neuen Flügel.
Seit 2005 kämpft ein Verein um den Erhalt der vierflügligen Anlage. Trotz Baumaßnahmen bietet er Besichtigungen und Veranstaltungen an.
rettung-schloss-blankenburg.de

◇◇◇◇◇

Barocker Terrassengarten mit Kleinem Schloss

Vom Fuße des Schlossberges bis hinab zum Kleinen Schloss, dem einstigen Herzoglichen Wohnhaus, erstreckt sich ein barocker Terrassengarten. Auf vier Ebenen gestalten Springbrunnen, Sandsteinvasen und -skulpturen, eine Neptungrotte sowie eine Kopie des Braunschweiger Löwen die Anlage. Sie gehört zum Projekt „Gartenträume", ebenso wie der „Fasanengarten" und der Berggarten mit Prinzessinnenturm in der unmittelbaren Nachbarschaft.

◇◇◇◇◇

Rathaus

Die älteste urkundliche Erwähnung ist aus dem Jahr 1422 überliefert. Jedoch stammt das heutige, mittelalterlich anmutende Gebäude im Stil der Renaissance aus der zweiten Hälfte des 16. Jahrhunderts. Am Treppenturm rechts an der Fassadenfront prangen die Wappen der Blankenburger Grafen und der Braunschweiger Herzöge.

◇◇◇◇◇

St.-Bartholomäus-Kirche

Zu ihr führt eine steile Treppe rechts neben dem Rathaus. Als Klosterkirche entstand Anfang des 13. Jahrhunderts eine romanische Basilika. Ein Jahrhundert später baute man sie gotisch zu einer dreischiffigen Hallenkirche um. Das hölzerne Gewölbe wurde 1586 eingezogen. Zur Ausstattung gehören mehrere Stifterfiguren (um 1350), eine Renaissance-Kanzel, ein Barock-Taufstein sowie Grabplatten für Blankenburger und Regensteiner Grafen.
www.evangelisch-in-blankenburg.de

◇◇◇◇◇

 ### Kloster Michaelstein

Vor den Toren Blankenburgs in Richtung Heimburg liegt das Kloster Michaelstein, das 1147 die Quedlinburger Äbtissin Beatrix II. gründete. Zunächst benediktinischen Regeln folgend, sind für 1152 erstmals Aktivitäten der Zisterzienser bekannt. Im Refektorium (heute Konzertsaal) und im Kapitelsaal fallen die ungewöhnlich reich verzierten Kapitelle der Säulen auf. Beide Räume besitzen Kreuzgewölbe. Museumsbesucher können Teile der mittelalterlichen Klausur, den Kreuzgang und die imposante *Musikausstellung KlangZeitRaum* besichtigen. Auf der Südseite des Refektoriums liegt der *Klostergarten* mit Brunnen und mit über einhundert der im Mittelalter arzneilich verwendeten Kräutern.

Direkt am Kloster Michaelstein beginnt ein 4,5 km langer Geologischer Rundwanderweg.
www.kloster-michaelstein.de

Säule im Kapitelsaal des Klosters

Tourist-Information
Schnappelberg 6
38889 Blankenburg
☎ (03944) 28 98
www.blankenburg-tourismus.de

Burg und Festung Regenstein

Die Ruine Regenstein erhebt sich auf einem 296 Meter hohen Sandsteinfelsen nördlich von Blankenburg. Ausgrabungen ergaben, dass die gemauerte mittelalterliche Burg schon um 1100 bestanden hat. Um 1500 verließen die Regensteiner Grafen ihren Stammsitz und zogen auf die Blankenburg. Die vom Brandenburger Kurfürst 1670 zur Festung ausgebaute Anlage wurde 1758 zerstört. Die ältesten Teile der Ruine sind in den Fels gehauene Höhlen mit rundbogigen Fensteröffnungen und Portalen. Von der mittelalterlichen

Spaß

Kletterwald
Heidelberg, ☎ 0176 - 38 38 81 72
www.kletterwald-blankenburg.de

Harzer Wandernadel Servicebüro
Schnappelberg 6 (Touristinfo)
☎ (03944) 9 54 71 48
www.harzer-wandernadel.de

Biologisches Freibad „Am Thie"
Am Thie 4, ☎ (03944) 3 69 58 36

Erlebnisbauernhof Harz
Mo-Fr 8-13 Uhr, Mo/Mi 15-16.30 Uhr
Finkenweg, ☎ 0172-5777304
www.erlebnisbauernhof-harz.de

Glasmanufaktur Harzkristall
Schaumanufaktur, GlasErlebniswelt,
Spielplatz, Gastronomie, Shop
Im Freien Felde, ☎ (039453) 6 80 0
38895 Blankenburg, OT Derenburg
www.harzkristall.de

Sandsteinhöhlen
am Fuße des Regensteins

Burg kündet der Stumpf des Bergfrieds. Das Freilichtmuseum zieht
jedes Jahr mit Wikingerfestspielen
und Ritterspektakel Fans aus nah
und fern an.
www.blankenburg-tourismus.de

◇◇◇◇◇

Sandsteinhöhlen

Wer sich von der Burg Regenstein
aus auf den Weg durch den sich nach
Norden anschließenden Kiefern-
wald macht, kann dort die Großen
und Kleinen Sandsteinhöhlen erfor-
schen. Doch aufgepasst! Das dichte

Wegenetz rund um die Höhlen wirkt
mitunter wie ein Labyrinth, in dem
man schnell die Orientierung ver-
lieren kann. Wer fündig wird, taucht
unvermittelt in eine Welt ein aus
weißem Sand, der locker durch die
Hände rinnt, aus imposanten Felsen,
in deren Rillen Kinder ihre Murmeln
um die Wette kullern lassen, und
dunklen Höhlen, in denen verschiedene Fledermausarten hausen. Bis
1930 wurde an dieser Stelle noch
Sand abgebaut, seit 2018 gelten die
Sandsteinhöhlen als Naturdenkmal.

Rundwanderung Teufelsmauer

Natur

Überwiegend sandige Waldwege und Pfade, oft schmal, wurzelig und verblockt. Wanderschuhe nötig, beschilderte Route Nr. 9.

Von der Tourist-Information im Kleinen Schloss die Straße überqueren
zum Parkplatz (auch Wohnmobile)
und hier den steilen Fußweg hin-
unter zur B 81, dieser nach rechts
ein Stück folgen – kurz darauf in
die Straße Heidelberg links abbiegen, wo gleich rechts ein Schild
den Aufstieg zu „Großmutter" und
„Großvater" weist (Klosterwander-

weg ✚ ⌕ S. 96). Ein Abstecher auf
die Aussichtsplattform des markanten Felsens ist lohnenswert.
Auf dem Teufelsmauerkammweg

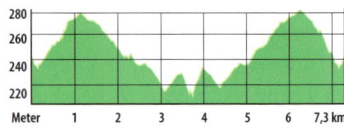

(Vorsicht! felsig mit steilen Abschnit-
ten) der Beschilderung Nr. 9 auf ro-
tem Grund folgen bis zum Hambur-
ger Wappen mit Rastplätzen – auf
dem südlichen Hangweg  bis zum
Parkplatz unterhalb des „Großva-
ters" zurück, über die Straße Schnappelberg zum Ausgangspunkt.

Tourdaten
Länge: 7,3 km
Schwierigkeitsgrad: mittel - schwer
Start: Tourist-Info Blankenburg

Teufelsmauer bei Neinstedt

Tipp: Wer Lust auf eine längere Wan-
dertour entlang der beeindrucken-
den Sandsteinformation verspürt,
gelangt auf dem *Teufelsmauerstieg*
(25 km) vom Großvaterfelsen bis zu
den Gegensteinen in Ballenstedt.

Teufelsmauer

Zu den ältesten Naturschutzgebie-
ten Deutschlands zählt dieses Mini-
Gebirge aus Sandstein. Es erstreckt
sich von Blankenburg bis Timmenro-
de sichtbar über der Erdoberfläche.
Hier verschwindet die Felswand im
Erdreich, wird aber nicht unterbro-
chen, sondern verläuft unter Tage
weiter, bis sie in Neinstedt wieder
„auftaucht". Im Neinstedter Gebiet
erheben sich die grazilen, hier meist
sehr schmalen Felsen besonders
steil empor. Über Weddersleben
gelangt der Klippenkamm nach Ballenstedt, wo er als sogenannte „Ge-
gensteine" (zwei sich gegenüberlie-
gende hohe Sandsteinfelsen) seinen
Abschluss findet.
Tipps: Vom Parkplatz Schlangenecke in Neinstedt, an der neuen Ei-
senbahnbrücke am Abzweig nach
Weddersleben führt ein schöner
Rundweg (7,2 km) am *Teufelsmau-
ergarten* (Kräuterschaugarten) über
Königstein und Mittelsteine zu den
Papensteinen. In Weddersleben
lohnt die Besichtigung des *Papier-
museums* mit historischem Stampf-
werk und Papiergarten (Anmeldung: ☎ 03946 - 98 10 130).

Eine *Teufelsmauersage* beschreibt die Entstehung des Gebirges: Gott
und Teufel wollten ihre Gebiete im Harz abgrenzen. Sie vereinbarten,
dass dem Teufel alles gehören sollte, was er in einer Nacht ummau-
ern konnte. Dieser beeilte sich, die riesigen Steinblöcke aufeinander-
zusetzen. Noch vor Tagesanbruch kam jedoch eine Bäuerin vorbei,
deren Hahn plötzlich krähte. Der Teufel glaubte, die Nacht sei vorbei und zerschlug wütend die fast fertige Mauer in Stücke. (🔎 S. 48)

Thale

Insbesondere die sagenhaften Fels-formationen im Bodetal mit den früh-geschichtlichen Opfer- und Kultstät-ten Rosstrappe und Hexentanzplatz ziehen die Menschen in ihren Bann – und das nicht nur zur Walpurgisnacht! Die im 11. Jahrhundert als „Dorp to dem Dale" (Dorf im Tal) bezeichnete Siedlung hatte ihr Zentrum in „Unter-Thale", wo heute die ältesten Gebäu-de der Stadt stehen. Erzvorkommen und Holzreichtum bestimmten die handwerkliche und industrielle Ent-wicklung. 1686 entstand eine Werk-zeug- und Nagelschmiede, aus der das Eisen- und Hüttenwerk hervor-ging. Seit 2011 gehören elf Ortsteile zu Thale und gemeinsam gestalten sie erfolgreich die Urlaubsregion Bodetal.

Bodetal-Information
www.bodetal.de
06502 *Thale*, Bahnhofstraße 1
📞 (03947) 7 76 80 00
06502 Thale OT *Altenbrak*
Unterdorf 5, 📞 (039456) 205
06502 Thale OT *Friedrichsbrunn*
Hauptstr. 33 a, 📞 (039487) 288

◇◇◇◇◇

🏛 Kloster Wendhusen

Der Kirchturm in der Unterstadt ist Überbleibsel des Klosters Wend-husen, das 825 als Kanonissenstift gegründet und 1184 in ein Augus-tiner-Chordamenstift umgewandelt wurde. Der fünfgeschossige West-riegel ist auf 1193/94 datiert; nach 1550 erhielt er die vier Giebel.

Der Verein Nordharzer Altertums-gesellschaft entwickelte auf dem Gelände ein Zentrum für lebendi-ge Geschichte mit Veranstaltungen, Ausstellung, rekonstruiertem Kano-nissengarten, traditionellem Bogen-schießen mit Langbögen (Sa 14 bis 17 Uhr) und Museumscafé.
Wendhusenstraße 7
📞 *(03947) 77 85 63 und 6 36 69*
www.nag-history.de

◇◇◇◇◇

Hüttenmuseum

Mit der Geschichte des Eisenhüt-tenwerks – von der Blechhütte 1686 bis zum industriellen Betrieb des 20. Jahrhunderts – macht die Ausstel-lung im ehemaligen Wohnhaus des Hüttenbesitzers Johann Carl Ben-ninghausen, in der Nähe vom Bahn-hof, bekannt. Modelle von Renn-ofen, Hohem Ofen und Frischfeuer veranschaulichen die Verhüttung und Verarbeitung des Eisens. 1831 schmiedete man hier die erste ei-serne Wagenachse in Deutschland.
Walther-Rathenau-Straße 1
📞 *(03947) 77 85 72*
www.hüttenmuseum-thale.de

Kloster Wendhusen

Wotans Pferd Sleipnir im Kurpark ist eine von zehn Skulpturen der Germanischen Mythologie auf dem **Thalenser Mythenweg**

dernisiert und auf 1 900 Sitzplätze erweitert (☎ 03947-7768022).

Das *HARZEUM* kombiniert Tiermuseum mit Hexenausstellung (☎ 03947-7796110).

Auf dem oberen Areal (großer Parkplatz) kann man ein auf dem Kopf stehendes *Hexenhaus* erkunden. Im *Tierpark* warten einheimische Tiere auf Besucher (☎ 03947-7768070) und das Harz-Mystery bietet *Show-Theater* mit Hexen und Teufeln.

◇◇◇◇◇

Bodetal

1937 wurde das von waldbedeckten Felswänden und kahlen Hanghalden eingeschlossene enge Tal zwischen Thale und Treseburg zum Naturschutzgebiet erklärt, in dem

◇◇◇◇◇

Hexentanzplatz

Er liegt auf einem sich senkrecht aus dem Bodetal erhebenden Felsen (454 m ü. NN). Von Thale aus erreicht man die luftige Höhe mit dem Auto, zu Fuß oder mit der *Schwebebahn*, die 2012 durch neue Kabinen mit Glasfußboden ihre Attraktivität weiter erhöhte. Vier Minuten benötigen die Gondeln für die 720 Meter lange Fahrstrecke (☎ 03947-2500). Auf dem Hexentanzplatz wurde 1901 die *Walpurgishalle* erbaut. In dem Museum dreht sich alles um die Sage vom Hexensabbat in der Walpurgisnacht (☎ 03947-2324).

1903 gründete Dr. Ernst Wachler das *Harzer Bergtheater* mit terrassenförmig angelegten Zuschauerrängen. Die Naturbühne verfügt über eine fantastische Akustik und Kulisse. Bis 2024 wird die Spielstätte außerhalb der Festspielsaison (!) mo-

---

Kultur

DDR-Museum Thale
Steinbachstr. 5 a, ☎ (03947) 6 56 33
www.ddr-museum-thale.de

OBSCURUM Thale
Hexenmuseum, Bahnhofstraße 1
www.obscurum-thale.de

Thalenser Hexenmanufaktur
Bahnhofstraße 1, ☎ (03947) 7 75 73 20
www.hexenmanufaktur-thale.de

Spaß

Bodetal Therme Thale
Parkstraße 4, ☎ (03947) 7 78 45-0
www.therme-bodetal.de

Seilbahnen Thale Erlebniswelt
Kabinenbahn, Sessellift, Funparks, Minigolf an der Talstation, HarzBob (Rodelbahn am Hexentanzplatz)
www.seilbahnen-thale.de

Bikepark Bodetal
4 MTB-Strecken verschiedener Level
www.bikepark-bodetal.de

Kletterwald Thale
Goetheweg, ☎ 0176 - 96 60 95 38
www.kletterwald-thale.de

Der Rosstrappe-Felsen

es eine Fülle von Naturschönheiten sowie seltene Pflanzen und Tiere zu bewahren gilt.

Der etwa zehn Kilometer lange Naturlehrpfad durch das Tal ist zugleich das erste *Teilstück des Harzer Hexen-Stiegs* von Thale nach Osterode (🔍 S. 96). Im Winter ist dieser Weg aus Gründen der Sicherheit gesperrt!

21 ovale Holztafeln markieren geologische Besonderheiten („Führer durch das Bodetal" erhältlich in der Tourist-Information Thale). Von Thale aus kommt man zum sogenannten *Goethefelsen*, der des Dichters Satz bewahrt: „Der Geist, aus dem wir handeln, ist das Höchste". Goethe weilte 1783 in der Gegend. In der Nähe befindet sich eine besonders tiefe Stelle im Fluss, der *Kronensumpf*. Hier bewacht Ritter Bodo – als zottiger Hund verwandelt – die Krone der Prinzessin. Eine andere

Die Sage von der Rosstrappe. Prinzessin Brunhilde soll auf einem Riesenross vor dem ungestümen Ritter Bodo geflohen sein. Als plötzlich vor ihr das tiefe Tal eines reißenden Gebirgsstromes auftauchte, wagte sie den gewaltigen Sprung über den Abgrund. Sie verlor zwar dabei ihre Krone, doch ein tiefer Eindruck des Pferdehufes auf dem Gipfel des Felsens kündet vom gelungenen Wagnis. Bodo hingegen stürzte in den Fluss, den man seither Bode nennt.

„Die schönsten Harzer Märchen und Sagen" ISBN 978-3-936185-79-9
www.schmidt-buch-verlag.de/harz-sagen

Sage hingegen berichtet, dass die Krone im *Bodekessel* liegt, der sich unmittelbar hinter der *Teufelsbrücke* befindet. Den einzigartigen Talabschluss umgeben 200 Meter hohe Granitfelsen. Hier stürzt die Bode in einen fünf Meter tiefen Felsenkessel. Eine in Fels geschlagene, steile Treppe führt zum *Kesselrücken* hinauf, von dem man in den Kessel und zur *Rosstrappe* blicken kann.

Auf diesen sagenhaften Felsen führt vom Naturlehrpfad aus die Schurre, ein alter Jägerpfad. Der Serpentinenweg verläuft durch ein lockeres Geröllfeld, das vor allem bei starken Regenfällen immer wieder Richtung Tal in Bewegung gerät, die Steine „schurren" hinab. Deutlich bequemer gelangt man von Thale aus per Sessellift auf die Rosstrappe.

<><><><>

Altenbrak und Treseburg

Die idyllisch an der Bode gelegenen kleinen Gemeinden gelten jede für sich als „Perle des Bodetals". Sie sind beliebte Tourismusorte, bieten den Gästen viel Natur und Entspannungsmöglichkeiten.

Bergbau und Verhüttung, Berglandwirtschaft und Waldarbeit bestimmten jahrhundertelang das Leben hier. Altenbrak besitzt ein *Bergschwimmbad* von 1930 und eine *Waldbühne* mit fast eintausend Plätzen. Auf der von mehreren Ensembles der Region genutzten Spielstätte findet am ersten Septemberwochenende auch der vielbeachtete „Harzer Jodlerwettstreit" statt. Beim Harzer Jodlermeister Andreas Knopf lässt sich übrigens im Ort auch trefflich übernachten und speisen!

www.waldbuehne-altenbrak.de

Schon der Dichter und Schriftsteller Theodor Fontane ließ sich von dem Ort mehrfach inspirieren. Ein Teil der Handlung seiner Novelle „Cécile" spielt in Altenbrak.

Am Ortsausgang Richtung Wendefurth besteht eine Forellenfischzucht. Am Fischteich kann jeder selbst sein Anglerglück suchen.

Bode-Furt in Treseburg

Welterbestadt Quedlinburg

Quedlinburg hat seit Heinrich I. große Geschichte geschrieben und viele Zeugen dieser bedeutenden Vergangenheit bis heute eindrucksvoll bewahrt. Den mittelalterlichen Stadtkern mit weit über 2000 Fachwerkhäusern, die Stiftskirche mit ihrem kostbaren Schatz sowie das Münzenberg-Ensemble setzte die UNESCO bereits 1994 auf die Welterbe-Liste. Darüber hinaus begeistern etliche andere Kirchen, das Renaissance-Schloss, historische Gärten und vieles mehr jährlich Tausende Besucher.

Schon um 500 sollen hier die Duren (Thüringer) gesiedelt haben. Ergrabene Mauerreste aus merowingischer Zeit (482-714) gehören wohl zu einem Wirtschaftshof des thüringischen Adligen Quitilo. Der an der Stelle der Wipertikirche gelegene Platz diente Heinrich I. als Königshof. Er schenkte

Am Finkenherd

929 seiner Frau Mathilde den Quedlinburger Besitz. Auf dem Sandsteinfelsen nördlich des Hofes ließ er eine Burg bauen. 936 wurde der erste deutsche Herrscher in Quedlinburg bestattet. Der Burgberg diente weiter als Pfalz, zugleich gründete die Königinwitwe Mathilde ein Frauenstift für die Töchter des Hochadels.

1229 bildete sich der erste Rat der Stadt unter den Bürgern. Wenige Jahre später entstand die Neustadt, die sich 1330 mit der Altstadt vereinte. Im 30-jährigen Krieg war Quedlinburg bevorzugter Ort für Einquartierung und Plünderung. 1698 fiel die Stadt an Brandenburg, 1803 an Preußen, von 1807 bis 1813 an das Königreich Westfalen. Die einstige Kreisstadt (bis 2007) besitzt sieben Ortsteile, seit 2014 auch Gernrode und Bad Suderode.

Wer von der Altstadt aus zum Schloss hinaufläuft, kommt am *Finkenherd* vorbei. Eine kleine Tafel erinnert daran, dass man hier dem Sachsen-Herzog Heinrich die Königswürde anbot – ein Ereignis, das jedoch viele deutsche Städte für sich beanspruchen. Die Krone jedenfalls erhielt er in Fritzlar.

Schloss und Stiftskirche Quedlinburg

◇◇◇◇◇ Stiftskirche St. Servatii

Nach bisherigen Erkenntnissen besitzt der heutige Kirchenbau drei Vorgänger: um 850 die Heinrichskapelle, nach 936 die erste Damenstiftskirche und die 1021 geweihte Basilika mit der eingebauten Wegekapelle St. Nicolai in vinculis.

Das vierte Bauwerk, eine kreuzförmige und flachgedeckte Basilika (1129 geweiht), blieb in seinen wesentlichen Formen bis heute erhalten. Den westlichen Abschluss der Kirche bildet eine Zweiturmanlage. Das Hauptportal in der Langhaus-Nordwand ist vermutlich das älteste deutsche Säulenportal.

Das *Langhaus* gliedert sich in neun Arkaden mit niedersächsischem Stützenwechsel (Pfeiler-Säule-Säule-Pfeiler). Die Würfelkapitelle der Säulen sind mit Reliefs reich verziert, mit Tiergestalten (häufig Ad-

ler), Rosetten, Blattwerk, Palmetten, Masken, Fabelwesen und Dämonen. Zum Hohen Chor und ins Querhaus führen breite Steintreppen, zwischen denen der Zugang zur dreischiffigen *romanischen Krypta* mit ebenfalls hervorragendem Säulenschmuck liegt. Ihre Kreuzgratgewölbe bewahren großflächige Reste einer Ausmalung (um 1200 ?) in Fresko-Technik mit biblischen Szenen. An der Südwand der Krypta erinnern Grabsteine, teilweise wertvolle romanische Stuck-Skulpturen, an die ersten Äbtissinnen. Im Ostteil der Krypta befindet sich die Confessio (spätestens 968). Vor ihr sieht man in die *Gruft Heinrichs I.*, südlich daneben steht der Steinsarg der Königin.

Seit 1170 befindet sich im nördlichen Querhaus der Zitter, die Schatzkammer von St. Servatius. Sie bewahrt

den *Quedlinburger Domschatz*. Zu
den Kostbarkeiten gehören u. a.
das Adelheidevangeliar mit byzantinischem Elfenbeinrelief (10. Jh),
der Servatiusstab mit Goldblech,
Goldfiligran und Resten von Pur-
purseide (um 1000), eine syrische
Amphora aus bunt geädertem Ala-
baster (6. Jh ?), ein Reliquienschrein
Heinrichs I. (9./10. Jh), ein Prunk-
kamm sowie ein Flakon aus Berg-
kristall in Silber gefasst (Byzanz/10.
Jh). Überaus wertvoll sind die Reste
eines Knüpfteppichs (um 1200), des
ältesten bekannten Bildteppichs eu-
ropäischer Knüpftechnik.
Schlossberg 1g, ☎ (03946) 70 99 00
www.domschatzquedlinburg.de

⬦⬦⬦⬦

Schlossmuseum
Aus der mittelalterlichen Burg entstand im 15. und 16. Jahrhundert
das dreiflüglige Renaissanceschloss.

Im Schlossmuseum

Tourist-Information
Markt 4, 06484 Quedlinburg
☎ (03946) 905 624
www.quedlinburg.de

Stadtinformation
Markt 3, 06484 Quedlinburg
☎ (03946) 689 595-0
quedlinburger-stadtinformation.com

Es fiel nach Auflösung des Stifts an
den preußischen Staat. Napoleons
Bruder Jérôme verkaufte kurz vor
dem Ende seiner Herrschaft (1807
bis 1813) das gesamte Inventar. Seit
1929 besteht im Schloss ein Museum, das anschaulich Regionalge-
schichte vermittelt. Zu besichtigen
sind romanische Kellergewölbe,
Bäckerei und Stiftsküche sowie Re-
präsentations- und Wohnräume.
Im Obergeschoss erstrahlen drei
Prunksäle dank ihrer Stukkaturen,
Seidentapeten und eigenwillig ge-
musterten Parkettfußböden.
Schlossberg 1, ☎ (03946) 90 56 81

⬦⬦⬦⬦

Klopstockhaus
Unterhalb des Schlosses steht auf
einem kopfsteingepflasterten Platz
ein auffälliger großer Fachwerkbau
von 1560. Sogenannte toskanische
Säulen tragen am Eingang einen
zweigeschossigen Erker. Mit seinen
geschnitzten Saumschwellen und
den Palmetten in den Brüstungs-
feldern ist das Haus ein schönes
Beispiel für den niedersächsischen
Fachwerkstil in Quedlinburg.
Am 2. Juli 1724 wurde Friedrich
Gottlieb Klopstock in diesem Haus
geboren, wo er auch seine Kindheit
und frühe Jugend verlebte. Heute ist
in den Räumen ein Memorialmuse-

Lyonel-Feininger-Galerie

◇◇◇◇◇

um zu Ehren des Dichters untergebracht. Ein Denkmal erinnert seit
1831 im Brühl (Parkanlage) an den
berühmten Sohn der Stadt.
Schlossberg 12, 📞 *(03946) 26 10*

◇◇◇◇◇

Lyonel-Feininger-Galerie

Am Finkenherd befindet sich die
Lyonel-Feininger-Galerie mit der
europaweit umfangreichsten ge-
schlossenen Sammlung von Grafiken dieses Künstlers der „Klassischen Moderne". Es handelt sich um
Werke, die 1906 bis 1937 entstanden
sind, u. a. das „Selbstbildnis mit Pfei-
fe" (1910) und „Vollersroda I" (1912).
Die Arbeiten Lyonel Feiningers
(1871-1956) galten im Dritten Reich
als „entartet". Der Künstler ging in
die USA zurück, während sein Schü-
ler Hermann Klumpp aus Quedlinburg zahlreiche Ölbilder und Grafiken vor der Vernichtung bewahrte.
1986 eröffnete er die Galerie, die
1993 bis 1997 aufwendig zu einem
hochmodernen Ausstellungshaus
erweitert wurde.
Schlossberg 11, 📞 *(03946) 68 95 93-0*
www.feininger-galerie.de

◇◇◇◇◇

Wipertikirche

Im 10. Jahrhundert gehörte die Wipertikirche zu einem Kanonikerstift.
Vermutlich wurde ein provisorischer
Saalbau bald von einer kreuzförmigen Basilika abgelöst, in die man
1020 eine Krypta einbaute.
Der Umwandlung des Stifts in ein
Prämonstratenserkloster 1148 folgte ein Kirchen-Neubau. Er behielt die
Krypta und den Chor des Vorgängers. Heute ist die Wipertikirche eine
langgestreckte Pfeilerbasilika ohne
Querschiff. Die unter dem Chor liegende *romanische Krypta* entstand
unter Verwendung alter Grabsteine, teils mit Ritzzeichnungen. Ihre
schmalen Seitenschiffe legen sich
wie ein Umgang um das Mittelschiff,
das gen Osten in einer Apsis schließt.
Zwischen den Schiffen wechseln
schmucklose Säulen und Pfeiler mit
attischen Basen und Pilzkapitellen.
Das *Sanktuarium* über der Krypta
bewahrt bis in Höhe des heutigen
Chorfußbodens Wände und Chor-
vorlagen aus dem 10. Jahrhundert.
Das *Langhaus* entstammt hauptsächlich dem Neubau nach 1148.

Rathaus mit Marktkirche St. Benediktii (Hintergrund)

Im 13. Jahrhundert wurde das Mittelschiff gen Westen verlängert. Die Seitenschiffe entstanden im gotischen Stil neu. In der Südwand fand das zweistufige romanische *Rundbogenportal* der zerstörten Klosterkirche St. Maria auf dem Münzenberg einen neuen Platz. Reich dekorierte Kelchblockkapitelle liegen auf den tragenden Säulen. Im Bogenfeld ist die thronende Maria mit Kind und zu ihren Seiten je eine weibliche Person zu sehen.

An der Nordseite des Langhauses schließt ein Chornebenraum aus dem 12. Jahrhundert an. Zur Ausstattung der Wipertikirche gehören u. a. eine Sandsteintaufe (um 1300) und ein geschnitzter Altar (1485). *Wipertistraße, ☎ (03946) 91 50 82 www.wiperti.de*

◇◇◇◇◇

Rathaus

Erwähnt wird 1310 an der Stelle des heutigen Rathauses ein „domus consulum", 1441 ein „radhus". Es beherbergte den Sitz des Rates der Stadt, das Gericht und das Gefängnis. Im Rathaus fanden auch Feiern, Festessen und Hochzeiten statt.

Das Gebäude besteht in der heutigen Form nach aufwendigem und grundlegendem Umbau erst seit 1616. Mit der breiten, grünbewachsenen und blumenbesetzten Fassade und besonders mit dem prunkvollen Spätrenaissance-Portal, über dem Abundantia mit ihrem Füllhorn den Besucher begrüßt, ist das Rathaus der Blickfang des Marktplatzes. Im Inneren beeindrucken die großen, bleiverglasten Fenster und die sechs Wandgemälde mit Szenen aus Quedlinburgs Geschichte.

◇◇◇◇◇

Roland

An der linken Frontseite des Rathauses steht mit 2,75 Metern einer der kleinsten Rolande Deutschlands. Er wurde 1427 als Zeichen eigener Gerichtsbarkeit und zum symbolischen Schutz der Bürger auf dem Marktplatz aufgestellt und bereits 1477 bei Auseinandersetzungen mit Äbtissin Hedwig gestürzt und beschädigt. Erst 1869 stellte man ihn, sorgfältig restauriert, wieder auf.

◇◇◇◇◇

St. Benediktii (Marktkirche)

Vermutlich existierte bereits um 1000 ein Vorgängerbau der für die Zeit um 1230 nachgewiesenen romanischen Kirche. Allerdings war diese bald zu klein, sodass im 14. Jahrhundert ein hoher gewölbter Chor hochgotischen Stils und bis zum Ende des 15. Jahrhunderts das dreischiffige Langhaus als spätgotische Halle entstanden. Der verbliebene Westbau erhielt neue Türme. Bemerkenswert sind u. a. der geschnitzte Hochaltar (1700 geweiht), der spätgotische Flügelaltar mit Pietà, die beschnitzte Kanzel und der barocke Taufstein.

Bockstraße, 📞 *0173 - 8 97 85 14*
www.kirchequedlinburg.de

St. Benediktii am Markt

◇◇◇◇◇

Blasiikirche (Kulturhaus)

Als Kirche des Dorfes Quitlingen, einem Siedlungskern Quedlinburgs, bestand St. Blasii bereits um 1000. Aus dieser Zeit stammt der Westquerturm. Auf seinem spätromanischen Glockengeschoss sitzen gotische Zwillingshelme. Kirchenschiff und Chor wurden 1714 bis 1718 neu angebaut und einheitlich barock ausgestattet. Ein Gemälde in der Mitte des stukkierten Muldengewölbes zeigt die Heiligen Blasius und Servatius. Prunkstück der Ausstattung ist der Kanzelaltar, der als farbige Architekturkulisse erscheint.

Blasiistraße, 📞 *(03946) 90 56 24*

◇◇◇◇◇

Fachwerkmuseum

Der Hochständerbau stammt aus dem 14. Jahrhundert und dokumentiert die einfachste Form des Fachwerks aus den Anfangszeiten dieser Architekturform. Die tragenden Balken verlaufen durchgehend von der Bodenschwelle bis zum Dach. Bis

Ständerbau (Fachwerkmuseum)

1965 war das dürftig ausgestattete Haus bewohnt. Seit 1976 ist es als Fachwerkmuseum zu besichtigen, das die Entwicklung dieser Bauweise vom 14. bis 19. Jahrhundert anschaulich dokumentiert.
Wordgasse 3, ☎ *(03946) 38 28*

◇◇◇◇◇

Quedlinburger Fachwerk

Eine gute Adresse für Fachwerk-Fans ist das Gebiet *Hölle/Pölle/Stieg* westlich des Rathauses. In den drei verwinkelten Gassen finden sich restaurierte Fachwerkhäuser unterschiedlicher Stilrichtungen. Hier stehen der „Alte Klopstock" (Stieg 28/29) und das Haus Hölle 11, das

Ende 2003 für eine Sensation sorgte: Bei Sanierungsarbeiten wurden 800 (!) Jahre alte Balken in Decken und im Dachstuhl freigelegt.

Auch die *Häuser am Marktkirchhof* sind Zeitzeugen der Entwicklung des Fachwerkbaus von der Gotik an. Am reich verzierten Schneemelcher-haus in der *Marktstraße 5* weisen fast alle Holzteile Ornamente auf.

◇◇◇◇◇

St. Nikolai

Einem Kirchlein folgte um 1150 der romanische Neubau für die Acker-bürger der Neustadt. Über Jahrhunderte hinweg wurde das Gotteshaus erweitert, sodass es mehrere Stilrich-

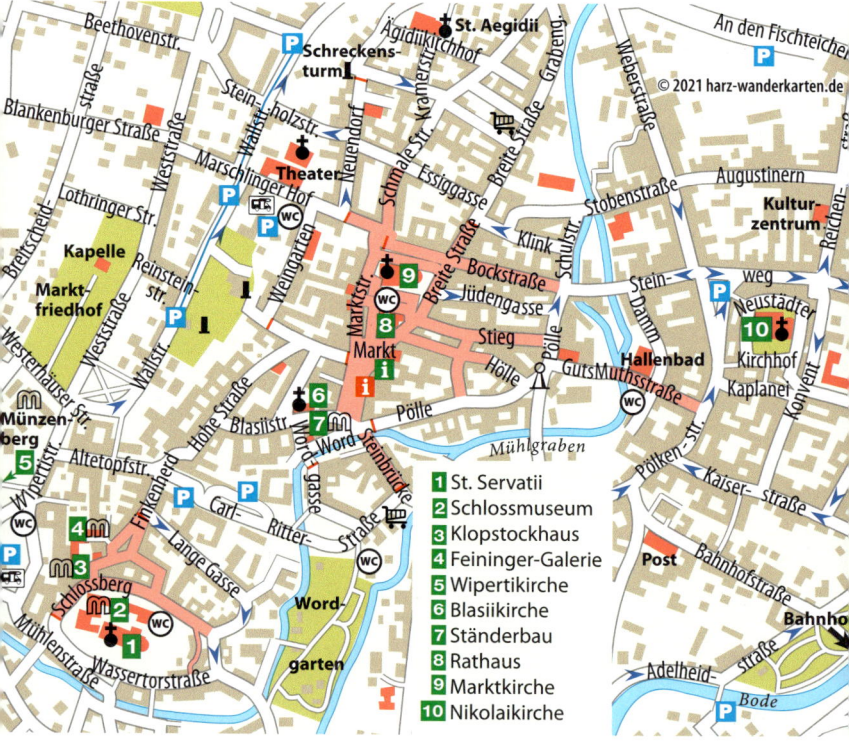

© 2021 harz-wanderkarten.de

1 St. Servatii
2 Schlossmuseum
3 Klopstockhaus
4 Feininger-Galerie
5 Wipertikirche
6 Blasiikirche
7 Ständerbau
8 Rathaus
9 Marktkirche
10 Nikolaikirche

Marktkirchhof

tungen in sich vereint. Der Westbau mit den 72 Meter hohen Türmen wurde spätromanisch begonnen und rein gotisch vollendet. Im 14. und 15. Jahrhundert baute man die Basilika zu einer Hallenkirche um. Reste der einst reichen Innenausstattung sind mit dem barocken Hochaltar (1712) und der qualitätvollen, hölzernen Kanzel zu sehen. Der spätromanische Taufstein (Ende 12. Jahrhundert) soll aus der Dorfkirche Groß-Orden stammen.

Harmonisch reihen sich auch hier, rings um die Kirche, kleine, schmucke Fachwerkhäuser aneinander.

Steinweg 6/7, ☎ 0173 - 9016218

Münzenberg

Dicht gedrängt, mit zum Teil uralten Dachziegelformen „kleben" die Häuser förmlich am Münzenberg, dessen Name sich vom lateinischen „monasterium in monte" (Kloster auf dem Berge) herleitet, da hier

986 das Nonnenkloster St. Mariae gestiftet wurde. Aufgebrachte Bauern verwüsteten 1525 die Anlagen, von denen sich Reste in den Kellern einiger Häuser finden. Diese sind inzwischen saniert und als *Museum* zugänglich. Zu besichtigen sind die West- und die Ostkrypta sowie offene Gräber mit Skeletten. Das romanische Portal der Klosterkirche bewahrt die Wipertikirche (🔑 S. 54). Einen Blickfang bildet auf dem Berg auch die aus rohen Feldsteinen errichtete Esse der alten Klosterküche.

Münzenberg 16, ☎ 0162 - 5255675 klosterkirche-muenzenberg.de

Kultur

Nordharzer Städtebundtheater
Neue Bühne, Marschlinger Hof 17/18
☎ (03946) 96 22 22
www.harztheater.de

Kulturzentrum Reichenstraße
Studiokino, Kleinkunst
Reichenstraße 1, ☎ (03946) 26 40
www.reichenstrasse.de

Warten-Radweg

Gut befahrbare, überwiegend kraftfahrzeugfreie Radwege und Nebenstraßen, sehr gut ausgeschildert, von Warte zu Warte

Den Bahnhof im Rücken rechts in die Rathenaustraße und nach 300 m links die Bode überqueren (historische Fußgängerbrücke) – rechts auf dem beschilderten Bode-Radweg die Magdeburger Straße (Fußgängerampel) queren, am Harzklinikum vorbei und aus der Stadt hinaus.

In Höhe Himmelshof den Bode-Radweg nach rechts verlassen und in den Wartenrundweg einsteigen – der Beschilderung folgen und dabei zweimal die A 36 überqueren – durch Morgenrot hindurch zur *Seweckenwarte*. Über Gersdorfer Burg weiter zur *Bicklingswarte*. Hinter dem Kreisverkehr links nach Süden zum *Lethturm* (kurzer Stich). Weiter Richtung Westen und rechts auf dem Selketal-Stieg (S. 96) bis zur Bode – hinter der Brücke links

ca. 1 km auf der Straße, dann scharf rechts den Fahrweg zur *Altenburgwarte* hinauf (schöne Aussicht). Weiter nach Norden, die A 36 überqueren, und bis zur *Steinholzwarte*. Über Münchenhof und nochmals die A 36 überqueren – weiter zum Einstieg Bode-Radweg bei Himmelshof und auf diesem zurück zum Bahnhof.

Tourdaten
Länge: 56,0 km
Schwierigkeitsgrad: mittel
Start: Bahnhof Quedlinburg

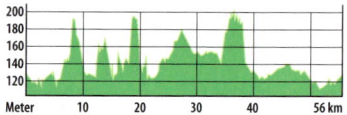

Stiftskirche Gernrode

Zu den bedeutendsten erhaltenen Zeugen ottonischer Architektur zählt die an der Straße der Romanik gelegene Stiftskirche im Quedlinburger Ortsteil Gernrode. Markgraf Gero gründete 961 auf dem Gelände seiner nach ihm benannten Burg Geronisroth ein freies weltliches Damenstift, das 963 nach dem Heiligen Cyriakus benannt wurde.

Schon wenige Jahre später erhielt es die Reichsunmittelbarkeit und zählte neben Quedlinburg und Gandersheim zu den vornehmsten Stiften im Reich. 965 wurde Gero in der noch

im Bau befindlichen Klosterkirche (Querhaus) beigesetzt.

Die Stiftskirche ist in ihrer äußeren Erscheinung sehr gut erhalten. Die Arbeiten am Gründungsbau begannen wahrscheinlich schon 959 und waren wohl zur Jahrtausendwende bereits abgeschlossen. Auffallend ist die besonders starke Achsverschiebung, die eine Unregelmäßigkeit im Grundriss der dreischiffigen und kreuzförmigen Basilika bewirkt. Die *Krypta* gilt als eine der ältesten original bestehenden Hallenkrypten. Die niedrige Decke des ton-

St. Cyriakus Gernrode nach Osten

nengewölbten Raumes ruht auf vier Freipfeilern, von denen die zwei östlichen schlanker und feiner profiliert sind. Über der Krypta erhebt sich der Ostchor. Seine hohe Apsis trägt Malereien. Reste aus dem 13. Jahrhundert – der thronende Christus mit dem Buch des Lebens in der Hand – wurden während der Restaurierung 1858 bis 1872 unter dem Landeskonservator Ferdinand von Quast freigelegt.

Seit der Mitte des 12. Jahrhunderts bestehen die *Querhausemporen*, getragen von je vier Säulen mit kämpferlosen Würfelkapitellen. Die dadurch bedeutungslos gewordenen *Langhausemporen* wurden vermauert und erst durch Quast wie-

Stiftskirche St. Cyriakus
Ev. Pfarramt, Burgstraße 3
06485 Quedlinburg
OT Gernrode, ☎ (039485) 275
Offene Kirche täglich 15-16 Uhr und April bis Oktober Mo bis Sa 9-17 Uhr, So 12-17 Uhr
Besichtigung des *Heiligen Grab* nur mit angemeldeter Sonderführung.
www.stiftskirche-gernrode.de

derentdeckt. Mit diesen Emporen nach byzantinischem Vorbild und mit dem Wechsel von Pfeiler und Säule geht die Gernröder Stiftskirche als „ältestes Beispiel einer Emporenbasilika mit einfachem Stützenwechsel" in die Geschichte ein. Das *Heilige Grab* wurde nachträglich zwischen den beiden östlichen Jochen des südlichen Seitenschiffs eingebaut. Es stammt spätestens von 1130 und ist damit die für Deutschland älteste erhaltene Nachbildung des Grabes Christi in Jerusalem.

Das Heilige Grab besteht aus einer Vor- und einer Hauptkammer, die eine niedrige Türöffnung miteinander verbindet. Zahlreiche Stuckreliefs von hoher Qualität formen sich zu biblischen Szenen, die sich allesamt auf die Auferstehung beziehen. Der ursprünglich gewölbte Innenraum hütet die überlebensgroße Stuckfigur Christi mit vollplastischem Kopf.

Der Westbau der Kirche erhielt seine Gestalt hauptsächlich in der Mitte des 12. Jahrhunderts. Gleichzeitig entstand die Apsis davor. Vom einstigen Kreuzgang aus der Zeit um 1170 blieb nur der doppelgeschossige Teil an der Kirchensüdseite erhalten.

Stiftskirche St. Cyriakus

Ballenstedt

Einen ganz besonderen Charme versprüht die ehemalige Residenz-stadt durch ihre anhaltisch geprägte Architektur und der breiten Allee hinauf zum Schloss. Albrecht der Bär (1100–1170), Sohn des Grafen Otto von Ballenstedt, gilt als Begründer des Hauses Anhalts. Er war der erste Markgraf von Brandenburg und der Ostmark (Lausitz). Ihm verdanken viele deutsche Städte ihre Gründung. Albrecht starb 1170 und wurde auf seiner Burg Ballenstedt beigesetzt.

Gegründet wurde die Siedlung vermutlich durch Ritter Ballo, was den Ortsnamen erklären würde: „Stätte des Ballo". Erstmals urkundlich erwähnt wird Ballenstedt im Zusammenhang mit dem Grafen Esiko von Ballenstedt, einem Bruder der Uta (Stifterin im Naumburger Dom).
Das in der Geschichtsschreibung 1297 erstmals erwähnte „Dorp Ballenstede" erhielt vermutlich 1534 das Stadtrecht. 1765 erhob Fürst Friedrich Albrecht von Anhalt-Bernburg die Stadt zur Residenz. 1863 erlosch die Linie Anhalt-Bernburg mit dem Tod des Herzogs Alexander Carl; das Land fiel an Anhalt-Dessau.

◇◇◇◇◇
🏛 Schloss Ballenstedt
Das dreiflüglig angelegte Barock-schloss wurde in der ersten Hälfte des 18. Jahrhunderts auf Resten der ehemaligen Klosteranlage (11. Jahrhundert) errichtet. Die Nikolai-Kapelle beherbergt das Grab Albrechts des Bären und seiner Gemahlin Sophie.
Von 1863 bis 1918 nutzten die Herzöge von Anhalt-Dessau das Schloss als Sommerresidenz, dann diente es ihnen bis 1945 als Privatwohnsitz. 1949 bis 1990 wurden in den Räu-men Ingenieure für Forstwirtschaft ausgebildet. Besichtigen kann man heute einen im original erhaltenen Raum mit Parkettfußboden und Stuckdecke sowie mit auf Leinen gemalten römischen Impressionen an den Wänden.
Schlossplatz 3, 📞 (039483) 8 25 56

Blick vom Park hinauf zum Schloss

Tourist-Information
Anhaltiner Platz 7
06493 Ballenstedt
☎ (039483) 263 oder 97 90 98
www.ballenstedt.de

◇◇◇◇◇

Schloss- und Hoftheater

Links neben dem Schloss steht das Schloss- und Hoftheater, das im Harz heute seinesgleichen sucht. Blendbögen aus gebrannten Ziegeln gliedern das Haus von 1788 in drei Achsen. Parkett und zwei Ränge bieten mehr als 350 Zuschauern Platz. Spielplan: *www.ballenstedt.de*

◇◇◇◇◇

Schlosspark

Als 1765 Fürst Friedrich Albert von Anhalt-Bernburg nach Ballenstedt übersiedelte, störte ihn vor allem der kahle Schlossberg. Ein Garten sollte dies ändern. Der nördliche Teil erhielt 1858 seine terrassenförmige Gestalt nach Entwürfen von Peter Joseph Lenné. Vier große Wasserbecken, das oberste mit einer Drachenfontäne, bestimmen das Bild der Anlage. Der westliche Teil ist als Landschaftsgarten mit Teichen, Blumenbeeten, Plastiken und Gebäuden, wie die Schlossmühle (1785, heute Künstler-Domizil), das Grüne Haus (um 1830) und das neugotische Gelbe Haus angelegt.

◇◇◇◇◇

Stadtmuseum

Es befindet sich am Goetheplatz in dem 1756 erbauten und 1968 restaurierten, palaisartigen Mansardhaus. Die Ausstellung umfasst Exponate wertvoller volkskundlicher Sammlungen. Zwei Gedenkräume sind dem Maler Wilhelm von Kügelgen (1802-1867) gewidmet.
Allee 37, ☎ *(039483) 88 66*

Löwen-Brunnen auf der Roseburg

Filmmuseum
Schloss Ballenstedt
Schlossplatz 3, ☎ (039483) 97 95 90
www.filmmuseum-ballenstedt.de

◇◇◇◇◇
Großer Gasthof
Das ehemalige Gästehaus der Ballenstedter Herzöge, gegenüber dem Museum, wurde 1733 als Jagd- und Zeughaus erbaut, diente später als Studentenwohnheim bzw. Heimatmuseum. Die Ruine wurde 1996/97 abgetragen und durch einen am Original von 1765 streng orientierten Neubau ersetzt, in dem das Schlosshotel Gäste empfängt.

◇◇◇◇◇
Burgruine Anhalt
Der 17 km lange Albrechtsweg führt vom Schloss Ballenstedt ins Selketal zur Burgruine Anhalt (🔎 S. 94). Sie wurde im 12. Jahrhundert von dem Askanier Graf Otto von Ballenstedt errichtet und gehörte zu den größten Burganlagen im Harz. Geblieben sind die Ruine des Bergfrieds, Mauerteile sowie der Ringgraben.

◇◇◇◇◇
Roseburg
Nordwestlich von Ballenstedt, an der Straße in Richtung Quedlinburg, erhebt sich anstelle der mittelalterlichen Rudolfsburg die neuromantische Anlage. Sie entstand nach 1905 unter Leitung des Berliner Architekten Bernhard Sehring. Eine 1 600 Meter lange Steinmauer umgibt den Palas, das Torhaus und den Wachturm sowie das Mausoleum mit Turm, das mit alten Kapitellen verzierte barocke Wasserspiel und die Amor-Allee. Den Park gestalten Vogelvolieren, Skulpturen aus Marmor und Stein sowie Putten, Brücken, Brunnen und Wasserspiele.
OT Rieder, ☎ *0152 - 59 71 89 74*
www.roseburg-harz.de

Radtour zur Konradsburg

Meist kraftfahrzeugfreie Radwege und Nebenstraßen, vorwiegend auf dem Harzrundweg (beschildert)

Vom Parkplatz unterhalb des Schlosses in Ballenstedt auf dem Selketal-Stieg 🔺🔲 nach Meisdorf. Vor dem Schlosshotel Abstecher zum *Mausoleum von der Asseburg* 🔺 (historistischer Backsteinbau). Danach auf dem Harzrundweg 🚲 bis zum *Kloster Konradsburg* 🏛 (Chor und Krypta romanisch).
Zurück zum Schlosshotel Meisdorf – gegenüber an der Info-Tafel zum Selketal-Stieg extrem steiler, sehr kurzer Aufstieg hinauf – dann rechts straßenbegleitend bis Opperode (Radfahrer-Kapelle) 🚲. Abstecher zum *Bismarck-Turm* und auf dem Harzrundweg nach Ballenstedt zurück.

Tourdaten
Länge: 25 km
Schwierigkeitsgrad: mittel
Start: Schloss Ballenstedt

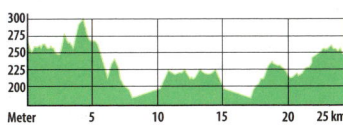

Schutzgebiete im Harz

Das gesamte Mittelgebirge steht unter mindestens einer Form von Naturschutz. So erstrecken sich lückenlos vier Naturparks über die gesamte Fläche. Darüberhinaus gelten viele Bereiche als Landschafts- und Naturschutzgebiet.

Unter ganz besonderem Schutz steht die Natur im Nationalpark Harz (𝒫 S. 77). Hier ist alles untersagt, was Fauna, Flora und Landschaftsform beeinflussen könnte. Schilder verweisen beim Betreten des Gebietes auf Verhaltensregeln.

UNESCO-Welterbe im Harz

Weltkulturerbe. Bereits 1992 nahm die UNESCO das Bergwerk Rammelsberg und die Altstadt von Goslar (𝒫 S. 8) in die Weltkulturerbeliste auf. 2010 folgten dann ergänzend die historischen Anlagen der Oberharzer Wasserwirtschaft (𝒫 S. 84). Die Quedlinburger Altstadt mit ihren mehr als 2000 (!) Fachwerkhäusern, Schloss und Stiftskirche (𝒫 S. 50) findet man im genannten Verzeichnis seit 1994.

Geopark. Jüngstes Kind der UNESCO-Familie sind die 2015 ins Leben gerufenen Global Geoparks. Sieben bestehen zurzeit in Deutschland und der Harzer Geopark ist sogar der größte von ihnen. Zwischen Harz und Heide dehnt sich über 9650 km^2 der Geopark Harz, Braunschweiger Land und Ostfalen aus und bietet mit zahlreichen Aufschlüssen, alten Steinbrüchen, Höhlen und Bergwerken viel zum Entdecken.

Biosphärenreservat. Rings um Rossla sorgt das Biosphärenreservat Karstlandschaft Südharz für angemessenen Schutz der Natur im Einklang mit nachhaltiger Land- und Forstwirtschaft. Die UNESCO-Anerkennung scheiterte zwar 2013 allein am Widerspruch einer Kommune, wird aber weiterhin angestrebt.

Straße der Romanik • Gartenträume

Der Kulturraum Harz ist reich an bedeutenden Schauplätzen der Geschichte und wartet mit unzähligen Bau- und Kunstdenkmälern auf. So ist es nicht verwunderlich, dass viele von ihnen in verschiedenen überregionalen Kulturstraßen und Tourismus-Netzwerken integriert sind.

Straße der Romanik. Eines der erfolgreichsten Projekte des Kultur-Tourismus ist die Straße der Romanik, die seit 1993 auf etwa 1000 Kilometern in Form einer Acht durch Sachsen-Anhalt führt und 88 romanische Bauten in 73 Orten verbindet. Allein 13 Objekte in zehn Orten des Harzes sind in diesem Reiseführer beschrieben: Halberstadt Dom (𝒫 S. 36) und Liebfrauenkirche (𝒫 S. 37) | Kloster Ilsenburg (𝒫 S.21) | Kloster Drübeck (𝒫 S. 23) | Johanniskirche Wernigerode (𝒫 S. 27)| Kloster Michaelstein Blankenburg (𝒫 S. 42) | Kloster Wendhusen Thale (𝒫 S. 46) | Quedlinburg St. Servatii (𝒫 S. 51), Wipertikrypta (𝒫 S. 53) und Münzenberg (𝒫 S. 57) | Stiftskirche St. Cyriakus Gernrode (𝒫 S. 58) | Schlosskirche Ballenstedt (𝒫 S. 61) | Kloster Konradsburg (𝒫 S. 63) | Burg Falkenstein (𝒫 S. 92) **www.die-strasse-der-romanik.de**

Gartenträume. Die im Jahr 2000 angeregten „Gartenträume" vereinen heute 50 Parks und Gärten in Sachsen-Anhalt. Größtenteils saniert, rekonstruiert oder umgestaltet bieten sie eine Zeitreise durch 400 Jahre Gartenkultur. Im Harz gehören u.a. die Schlossgärten Wernigerode, Ballenstedt und Stolberg, die Klostergärten Michaelstein und Drübeck, der Barockgarten Blankenburg und auch der Brockengarten zu dem engagierten Netzwerk.

St. Andreasberg

► # Oberharz

Hohe Berge – rauhes Klima

Winter auf dem Brocken

Der Brocken (1 141 m)

Der Brocken ist Norddeutschlands höchste und auch berühmteste Erhebung. Seit Jahrhunderten zieht er Menschen von nah und fern in seinen Bann. Schuld daran sind nicht zuletzt die Hexen. Sie reiten vornehmlich in der Walpurgisnacht zum 1. Mai auf Besen, Hunden, Ziegenböcken und allerlei anderem Getier durch die Luft zum Blocksberg, um dort oben dem Leibhaftigen obszön zu huldigen und ausgelassen ihren Sabbat zu feiern.

Selbst Altmeister *Johann Wolfgang von Goethe* ließ sich von diesem Stoff unter anderem für seinen Faust inspirieren, jedoch nicht ohne selbst insgesamt dreimal den Berg mit seinem rauhen Klima bestiegen zu haben. Zu den prominenten *Brockenwanderern* zählen auch Heinrich Heine, Hans Christian Andersen, Zar Peter der Große, Westfalen-König Jérôme Bonaparte, Magdeburgs Bürgermeister und berühmter Physiker Otto von Guericke, Reichskanzler Otto von Bismarck und Heide-Dichter Hermann Löns.

Man findet drei *Vegetationszonen* vor: Fichten- und Buchenwälder am Eingang zum Nationalpark, die natürliche Baumgrenze in etwa 1 000 Metern und subalpine Mattenvegetation auf dem Gipfel. Rauhe Winde, niedrigere Temperaturen als im Tal, kurze Sommer und Nebel an circa 300 Tagen im Jahr bestimmen das Klima.

Die tatsächliche Höhe des Berges liegt bei 1 141,1 Metern. Der größte Stein einer 1997 zusammengetragenen Felsgruppe trägt eine Plakette mit einer in 90 Zentimetern Höhe

Brocken-Urwald

Der Brocken aus der Luft

angelegten Markierung und der Inschrift „Brocken 1142 m". Hiermit wird an die über Jahrzehnte publizierte, nicht korrekte Höhe des Berges erinnert. Kreisförmig um diese künstliche Steinformation in den Boden eingelassene Bronzetafeln geben Richtungen und Entfernungen zu nahen und fernen Bergen und Städten an. Diese sogenannte *„Brockenuhr"* wurde am 3. Oktober 1997 feierlich eingeweiht.

Das *„Wolkenhäuschen"* von 1736 ist das erste Brockenhaus. Es steht bis heute. Als das Holz durch den großen Bedarf im Bergbau und Hüttenwesen immer knapper wurde, ließ Graf Christian-Ernst zu Stolberg-Wernigerode in den Mooren des Brockengebietes versuchsweise Torf stechen, um diesen als Ersatzbrennstoff zu verwenden. Neben nachweislich fünf großen Torfwerken rings um den Brocken entstand

auf der Heinrichshöhe auch die Arbeiterunterkunft, das erste indirekte „Brockengasthaus", da auch Wanderer zur Übernachtung aufgenommen und bewirtet wurden. Direkt auf den Brocken ließ Graf Christian Friedrich um 1800 ein Gebäude mit Aussichtsturm und zunächst neun Gästezimmern setzen. Doch durch das rauhe Klima und mehrere Feuer musste noch öfter gebaut werden. Der große Hotelbau mit letztlich 80

Den Rekord an Brockenbesteigungen hält Benno Schmidt, bekannt als *„Brocken-Benno"*. Bis zu seinem 90. Geburtstag am 22. Mai 2022 will er 9 000 Aufstiege schaffen und dabei immer wieder mit Brockenbesuchern ins Gespräch kommen. Für sein Engagement als Botschafter der Harzregion erhielt er das Bundesverdienstkreuz am Bande. *www.brocken-benno.de*

Zimmern sank beim Bombardement 1945 in Schutt und Asche.

Mit einem mobilen Sender gelang 1935 vom Brocken aus die erste öffentliche Fernsehbildübertragung. Ein Jahr später entstand ein 52 Meter hoher Turm mit 16 Stockwerken: der *„Fernsehsender Brocken"*. Zum Ende des Zweiten Weltkrieges hinterließen Bomben ein Bild der Verwüstung; lediglich der Fernsehsender blieb bewusst verschont. Bis April 1947 hielten die Amerikaner den Brocken besetzt. Ein Jahr später verkürzte man den Turm um sechs Etagen. Die Deutsche Post der DDR übernahm 1950 den Sender. Die alles überragende Metallkonstruktionsantenne entstand 1973 für das zweite Programm des DDR-Fernsehens. Seit Januar 1992 werden hier die Sendungen vom ZDF ausgestrahlt und mittlerweile auch von ARD und MDR.

Nach dem Berliner Mauerbau 1961 vereinnahmten die Grenztruppen, die Sowjetarmee und das Ministerium für Staatssicherheit der DDR den Brocken. 1985 ließen sie sich eine massive Mauer um den unteren Rand des Plateaus ziehen.

Seit 3. Dezember 1989 kann wieder

Heutige Bebauung mit den Standorten nicht mehr vorhandener Anlagen

Sendemast und Telekom-Neubau

Luftraum-überwachungstechnik

Brockenherberge (ehem. Fernsehturm)

Brockenhaus mit Café Ausstellung zur Geschichte und Natur des Berges

4

3   5

Touristensaal

„Wolkenhäuschen"

2

Höchster Punkt mit „Brockenuhr"

Brockenrundwanderweg

7   1

WC

Bahnhof

Brockengarten

Wetterwarte

Teufelskanzel und Hexenaltar

Brockenbahn

6

1 Antennengittermast für Spionage der DDR
2 Kunststoffkuppeln mit Radartechnik der Sowjetarmee
3 Antennenhäuser des Ministeriums für Staatssicherheit der DDR (MfS)
4 Grenzbeobachtungsturm
5 MfS-Antennenkuppel (später provisorisches Brockenmuseum)
6 Funkstation für SED-internes Telefonnetz („Pfeffi-Turm")
7 ehemalige meteorologische Messstation (2013 abgerissen)

Alpenmohn im Brockengarten

mit Turmcafé und Aussichtsetage. Im November 1999 konnte Brockenwirt Steinhoff die ersten Übernachtungsgäste willkommen heißen. Im Frühjahr 2000 wurde der Touristensaal als Gaststätte eröffnet, und im darüberliegenden Goethesaal finden Veranstaltungen wie das Rocktheater „Faust" statt.

www.brockenwirt.de

In dem von der Staatssicherheit genutzten Kuppelbau eröffnete im Jahr 2000 das zum *Brockenhaus* erweiterte moderne Museum mit Schau- und Vortragsräumen. Neben Wissenswertem zu Geschichte, Mystik und Natur des Brockens vermittelt es auch die Geschichte und Philosophie des Nationalparks Harz. Die offene Dachterrasse ermöglicht eine 360-Grad-Sicht und bei Speis' und Trank kann man in der Caféteria „Hexenflug" durch das Panoramafenster ebenfalls den Blick weit schweifen lassen.

www.brockenhaus-harz.de

jeder ungehindert das Brockenplateau betreten. Den 1890 angelegten alpinen *Brockengarten* erweckten ost- und westdeutsche Wissenschaftler am 9. Juni 1989 gemeinsam zu neuem Leben. Die Mauer ist verschwunden und im Gebäude des *Brockenbahnhofs* befindet sich eine Gaststätte. 1994/95 errichtete die Telekom ein neues Sendegebäude für ihre Technik. Aus dem freigewordenen alten Fernsehsender entstand eine *Brockenherberge*

Brockenhaus und Wolkenhäuschen

Brockenbahn am Goetheweg

Wanderungen zum Brockengipfel

Natur

Auf den Brocken führen mehrere Wanderwege. Wer nicht wandern möchte oder kann, dem sei die Brockenbahn (🔎 S. 31) empfohlen.

In *Schierke* beginnt die Brockenstraße. Auf ihr gelangt man bequem hinauf (10 km). Wer es uriger mag, biegt am alten Wasserwerk rechts in den Wald ⊠ und läuft 5,8 km durchs Eckerloch über Stock und Stein teils steil hinauf (Brockenurwald).

Ebenfalls nicht für Stöckelschuhe geeignet ist die Route von *Wernigerode* ⚠ an der Holtemme entlang über die Steinerne Renne (Wasserfall, Stromschnellen), zum Schluss auf dem unwegsamen Höllenstieg bis zur Brockenchaussee (11,3 km).

Von *Ilsenburg* führt der Heinrich-Heine-Weg auf den Spuren des spöttischen Dichters durchs romantische Ilsetal und zum Gipfel des Blocksberges (12,6 km).

Der zertifizierte Harzer Hexen-Stieg lässt sich genauso gut für eine Brockenbesteigung nutzen: Entweder von *Drei Annen Hohne* (Parkplatz) auf dem Glashüttenweg (11,3 km) oder von *Torfhaus* (Parkplatz) auf dem Goetheweg (8,4 km).

Diese Möglichkeit bietet auch der Harzer Grenzweg. Von *Stapelburg* (Norden) sind es 18,3 km und von *Braunlage* (Süden) nur 9,1 km. Von Braunlage fährt man mit der Kabinenseilbahn auf den Wurmberg (oder wandert, zusätzlich 3,9 km) und steigt dann am neuen Speichersee (Beschneiungsanlage) in den Harzer Grenzweg ein.

Von *Bad Harzburg* gelangt man auf dem Teufelsstieg vom Großparkplatz an der Kabinenseilbahn zum Brocken hinauf (12,8 km).

Schierke

Unmittelbar am Fuße des Brockens im Tal der Kalten Bode erstreckt sich der kleine Ferienort. Um ganzjährigen Tourismus zu etablieren, entstanden in den vergangenen Jahren neue Brücken, Straßen, ein Parkhaus und die Schierker Feuerstein-Arena. Durchgangsverkehr gibt es nicht, da am Ortsende die für Fahrzeuge gesperrte Brockenstraße beginnt.

Schierke verdankt seine Entstehung den Erzvorkommen, die ab dem 13. Jahrhundert erschlossen wurden. Als Bergbau, Erzverhüttung und Köhlerei an Bedeutung verloren, entwickelte sich ab 1850 der Fremdenverkehr; Hotels, Kuranlagen und Wintersportstätten entstanden. Während der SED-Herrschaft war Schierke Grenzsperrgebiet. Hotels und Pensionen blieben meist Parteigrößen und „verdienstvollen Werktätigen" vorbehalten.

Schierker Rathaus am Kurpark

Tourist-Information
Brockenstraße 10
38879 Wernigerode, OT Schierke
☎ (039455) 8 68-0
www.schierke-am-brocken.de

◇◇◇◇◇

Rathaus
Es gehört zu den schönsten Bürgermeisterresidenzen des Oberharzes. Das Haus wurde in den 1920er Jahren mit massivem Untergeschoss und farbenprächtigem Fachwerkaufsatz erbaut.

◇◇◇◇◇

Dorfkirche
Die neugotische Kirche entstand zwischen 1876 und 1881. Als Baumaterial diente Granit. Zur Ausstattung gehört ein gusseiserner, in der *Ilsenburger Hütte* (🔎 S. 20) gefertigter Ofen. Seine Platten tragen die Jahreszahlen 1569, 1578 und 1616.

◇◇◇◇◇

Schierker Feuerstein
1924 meldete Willy Drube die Rezeptur für den unverwechselbaren Kräuterlikör zum Patent an und begann in seiner Schierker Apotheke mit der Produktion. Führungen durch das Stammhaus „Alte Apotheke" werden angeboten. Oberhalb vom Schierker Bahnhof befinden sich die aus rötlichem Granit bestehenden Feuersteinklippen, die der „Medizin" ihren Namen gaben.
Brockenstraße 3, ☎ *(039455) 372*
www.schierker-feuerstein.de

◇◇◇◇◇

Schierker Feuerstein Arena
Bereits am 5. Februar 1911 wurde in Schierke ein Eissportplatz eröffnet, der schließlich 1950 anlässlich der

Spaß

Brocken Coaster – Rodelbahn
Hagenstraße 6, ☎ 0160 - 96 23 60 73
www.brocken-coaster.de

Kletterkurse und -touren
☎ 0152 - 28 78 27 76
www.harz-aktiv-klettern.de

Segway-Touren zum Brocken
☎ (39454) 209 000
Start: Hermann-Löns-Weg 1
www.harzdrenalin.de

1. DDR-Meisterschaften im Wintersport zu einem Natureisstadion erweitert wurde. Bis in die 1990er Jahre nutzte man die Anlage im Winter

Braunlage

Am Fuße des Wurmbergs liegt der heilklimatische Kurort, der seit vielen Jahrzehnten sehr beliebt bei Erholungssuchenden im Sommer und ganz besonders im Winter ist.
Bereits um 1200 existierte eine Ansiedlung um ein Hüttenwerk, in dem Eisenerz geschmolzen wurde. Nach-

Bike-Park

ohne in die Bausubstanz zu investieren. Schließlich fiel die Entscheidung, einen modernen Neubau für die Ganzjahresnutzung zu errichten. Nach etwa 19 Monaten Bauzeit fand am 15. Dezember 2017 die Eröffnung der Schierker Feuerstein Arena mit einer Kunsteisfläche von 25 x 56 m statt, die jeweils von November bis Ostern Wintersportlern zur Verfügung steht. Im Sommer locken Rollschuhlaufen, Trampolinspringen, Bouldern und diverse Spielgeräte.
Am Winterbergtor 2
☎ *(03943) 654 777*
www.schierker-feuerstein-arena.de

Tourist-Informationen
www.braunlage.de
38700 *Braunlage*
Elbingeröder Straße 17
☎ (05520) 93 07-0
38700 Braunlage, OT *Hohegeiß*
Kirchstraße 15 a, ☎ (05583) 241

dem Ende des 18. Jahrhunderts die Vorkommen aufgebraucht waren, entwickelte sich Braunlage zu einem überregional bekannten Kurort. 1882 öffnete die erste medizinische Badeanstalt, 1883 begann Braunlages Ära als Wintersportzentrum und 1892 gründete sich hier der erste Skiklub Deutschlands.

◇◇◇◇

Hohegeiß
Zu Braunlage gehört seit 1972 das von dichten Wäldern und weiten Wiesen umgebene Bergdorf. Im nahen *Naturschutzgebiet „Dicke Tannen"* stehen über 300 Jahre alte Fichten (Rottannen) – die mächtigsten Norddeutschlands. Sie sind über

50 Meter hoch und haben einen Stammdurchmesser von bis zu 1,80 Metern. Unter Schutz stehen auch die Bergwiesen, die zur Blütezeit im Juni ihren Reiz voll entfalten.

◇◇◇◇◇

Wurmberg

Die höchste Erhebung des Westharzes ist mit 971 Metern der Wurmberg. Vermutungen, er sei bereits in der Bronzezeit eine Kultstätte gewesen, bestätigten jüngste Ausgrabungen nicht. Die Reste der sogenannten Heidentreppe zwischen Wurmberggaststätte und Seilbahnstation sind jünger.

Auf den Gipfel führen mehrere Wanderwege und eine *Kabinenseilbahn*. Sie überwindet in zwölf Minuten

Wintersport am Wurmberg

auf 2,8 Kilometern 400 Höhenmeter. Etwa auf halber Strecke gibt es die Haltestation am Rodelhaus (Gasthaus). Für die Mitnahme von Monsterrollern, Mountainbikes, Skiern und Schlitten gibt es spezielle Gondeln und Kombipreise.

Action für jedermann bietet der *Bike-Park* mit sieben weitgehend naturbelassenen Strecken *(www. bikepark-braunlage.de)*. Im 2013 modernisierten und um Skihänge und Lifte erweiterten *Wintersportgebiet* sorgt eine Beschneiungsanlage für mehr Schneesicherheit.

Spaß

Eisstadion
Harzburger Str. 28, ☎ (05520) 21 91
www.eisstadion-braunlage.de

Wurmbergseilbahn
Am Amtsweg 5, ☎ (05520) 99 93 28
www.wurmberg-seilbahn.de

NaturMythenPfad
4 km langer Rundwanderweg
10 Mit-Mach-Stationen, Einstieg am Silberteich westlich von Braunlage

Mountainbike und E-Bike-Verleih
Blockhaus am Großparkplatz
☎ (05520) 9 23 68 78
www.ebike11.de

Monsterroller und Skiverleih
Am Amtsweg 4, ☎ 0157 - 83975223
www.monsterroller.de

Adventure-Golfpark
Harzburger Str. 29, ☎ (05520) 487
www.golfpark-braunlage.de

Kultur

Heimat- und Skimuseum
Dr.-Kurt-Schröder-Promenade 4
www.museum-braunlage.de

Südlich-östlich von Braunlage liegt das *Grenzmuseum Sorge*. In der frei zugänglichen Grenzlandschaft, dem einstigen Sperrgebiet, können Reste der ehemaligen innerdeutschen Grenze mit Grenzzäunen und Beobachtungsturm (dieser nur mit Führung) besichtigt werden. Der Museumsraum im Bahnhof Sorge hält zudem spannende Zeitdokumente bereit. *www.grenzmuseum-sorge.de*

Am dafür angelegten Bergsee gibt es eine bunte Wassererlebniswelt. Die Skisprungschanze wurde wegen Baufälligkeit abgerissen und der Aussichtsturm Ende 2018 durch einen neuen, 35 Meter hohen Turm ersetzt. Er hat eine Treppe und einen Fahrstuhl.

MTB-Tour Um den Wurmberg

Natur

Komfortable Waldwege, Beschilderung der MTB-Arena Harz

Vom Großparkplatz links an der Talstation der Seilbahn vorüber in Richtung Brockenwegschanze, der Großen Bodestraße zur Bärenbrücke folgen 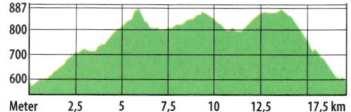 oder die Bode queren und sie linker Hand auf einem lauschigen Trail begleiten – an der Bärenbrücke nach links abzweigen (35 H), über die Moosbrücke auf dem Bruchweg zur **Achtermannshöhe** – weiter zum **Dreieckigen Pfahl** (35 L) und dann auf dem Ulmerweg, einem steinigen und wurzeligen Trail weiter, von ihm zur Stieglitzecke abbiegen – auf dem Kuhlagerweg um den Wurmberg herum, durch den Bike-Park steil abwärts zurück zum Parkplatz.

Tourdaten
Länge: 17,5 km
Schwierigkeitsgrad: mittel
Start: Großparkplatz an der Wurmberg-Seilbahn Braunlage

St. Andreasberg

Mit 600 bis 900 m ü.NN. liegt St. Andreasberg (𝒫 Foto S. 65) am höchsten von allen sieben Harzer Bergstädten. Der heutige Ortsteil von Braunlage lockt Wanderer, Mountainbiker und Skifahrer gleichermaßen an. Schon im 13. Jahrhundert erfolgte in der Gegend der Erzabbau sehr intensiv, nachgewiesen ist seit 1487 der Silberbergbau.

◇◇◇◇◇

Welterbestätte Grube Samson Bergwerksmuseum

Die Grube wurde 1987 von der „American Society of Mechanical Engineers" zum international historischen Maschinenbaudenkmal erklärt. Hier sind die Anlagen über

Tourist-Information
37444 Sankt Andreasberg
Am Kurpark 9, 📞 (05582) 80 33
www.braunlage.de

und unter Tage im Original erhalten geblieben. Bis 1910 hat man in der 1521 eröffneten Grube Silbererz abgebaut. Seit 2010 steht sie als Teil der Oberharzer Wasserwirtschaft auf der **UNESCO-Welterbeliste**.

Das hölzerne Fördergerüst sowie die letzte original erhaltene funktionsfähige Fahrkunst der Welt sind die Besonderheiten im Gaipel. Über die Seiltrift gelangt man zur Radstube des neun Meter großen Kehrrades. Stufen führen hinab zur Kunstrad-

Am Oderteich (angelegt 1715) bei St. Andreasberg – der erste Stausee Europas

stube. Das Wasserrad von zwölf Metern Durchmesser setzte die 1837 installierte Fahrkunst in Betrieb.
Am Samson 2, 📞 *(05582) 12 49*
www.grube-samson.de

◇◇◇◇◇

Harzer Roller-Kanarien-Museum
Das Museum im Samsoner Gaipel macht mit Geschichte, Zucht und Haltung der Kanarienvögel (Harzer Roller) vertraut. Die gelbgefiederten Tiere wurden für den Bergbau gezüchtet, um sie als Gefahren-Melder einzusetzen. Fing der Vogel unter Tage an zu schmatzen, mangelte es an Frischluft und der Bergmann eilte hinauf ans Tageslicht.
www.kanarienvogel-museum.de

◇◇◇◇◇

Grube Catharina Neufang
Im Tagesstollen der Grube Catharina Neufang, gegenüber der Grube Samson, sehen Besucher einen riesigen Abbauhohlraum, erleben Arbeit mit Schlägel und Eisen sowie mit einem Bohrhammer. Über eine

Leiter geht es in den sechs Meter höher gelegenen „Alten Tagesstollen" zum Ausfahren.
ÖZ nur im Sommer mit Führung
Infos: über Grube Samson

Spaß

Hochseilgarten
Jordanshöhe 2, 📞 (05582) 81 54
www.harz-hochseilgarten.de

Matthias-Schmidt-Berg
Sommerrodelbahn (550 m lang)
Skizentrum (5 Lifte, Beschneiung)
Mountainbike- und Downhill-Park
📞 *(05582) 265, www.alberti-lifte.de*

Skigebiet Sonnenberg
Snow-Tube-Anlage, Rodelhänge, Lifte
📞 (05582) 513
www.skilifte-sonnenberg.de

Kultur

Nationalparkhaus
Ausstellung, Fledermausreich
Erzwäsche 1, 📞 (05582) 92 30 74
www.nationalparkhaus-
sanktandreasberg.de

Sternwarte
am Internationalen Haus Sonnenberg
sternwarte-sankt-andreasberg.de

Nationalpark-
Besucherzentrum

Torfhaus

Mit 812 m ü. NN ist der Altenauer Ortsteil Torfhaus die höchstgelegene Siedlung des Harzes. Die erste kleine Hütte, ein notdürftiger Unterschlupf für Torfstecher, wurde 1573 errichtet. Neue Bedeutung erhielt der Flecken lange nach dem Ende der Torf-Ära: Ab 1. September 1842 verkehrte eine Postkutsche quer über den Harz von Harzburg nach Nordhausen mit Zwischenstation am Torfhaus. Nach 1910 öffnete das erste, zehn Jahre später das zweite Hotel. Bald entstanden Heime von Vereinen und Organisationen sowie private Wohnhäuser.

Torfhaus – beliebter Ausgangspunkt für Wanderungen, Wintersportort und Biker-Treff – hat sich gewandelt dank schindelverkleideter Ferienhäuser, Hotel, Hüttengastronomie und Welcome-Center. Ab 2022 soll ein 65 Meter hoher Turm Rutschvergnügen und noch mehr Aussicht bringen.
www.torfhaus-harzresort.de

Nach dem Zweiten Weltkrieg, dem fast alle Häuser im April 1945 zum Opfer fielen, schleppte sich der Wiederaufbau über Jahre hin. Im Kalten Krieg avancierte die Höhe Torfhaus zum Brockenersatz für die Westdeutschen. Die Sendemasten zur Ausstrahlung der Programme von ARD und ZDF sowie die von hier aus geschlagene Richtfunktelefonbrücke BRD – Berlin (West) verstärkten den Eindruck.

◇◇◇◇◇

Nationalpark-Besucherzentrum

Im „TorfHaus", der zentralen Informationsstelle des Nationalparks Harz mit interaktiver Ausstellung, Kino und Souvenirverkauf, werden vielfältige Führungen, Projekte und Naturerlebnisreisen angeboten.
Torfhaus 8, ☎ (05320) 3 31 79-0
www.torfhaus.info

Spaß

Skigebiet Torfhaus
Skilift, Rodellift
☎ (05329) 69 00 60 (Infoband)
www.torfhauslifte.de

Nationalpark Harz

Natur einfach Natur sein lassen! Diesem Leitgedanken folgen Nationalparks weltweit und seit 1. Oktober 1990 gilt das Motto auch im nördlichsten Mittelgebirge Deutschlands. Zehn Prozent der Gesamtfläche der Harzes gehören zum Schutzgebiet.

Noch auf Beschluss des Ministerrats der DDR hob man den Nationalpark Hochharz aus der Taufe. Vier Jahre später startete in Niedersachsen der Nationalpark Harz. Seit der Fusion 2006 wird nun auf knapp 25000 Hektar die Natur strengstens geschützt, um sich wieder in echten Urwald zurückverwandeln zu können.

Insgesamt 97 Prozent des Harzer Nationalparks sind Waldflächen, auch wenn diese zurzeit von größeren Kahlbereichen durchsetzt sind; Auswirkungen von Erderwärmung und

Nationalparkverwaltung Harz
Lindenallee 35, 38855 Wernigerode
☎ (03943) 55 02-0
www.nationalpark-harz.de

Klimawandel auf eine von Monokultur bestimmte Forstwirtschaft. Im Nationalpark Harz erfolgt der Wandel vom Wirtschafts- zum Urwald mithilfe von Naturentwicklungszonen. Hier wird der Natur noch durch forst- und jagdliche Eingriffe der Weg zurück zum sich selbst regulierenden Wald geebnet. Ist dieses Ziel erreicht, wandelt sich das Gebiet in eine Naturdynamikzone und bleibt fortan sich selbst überlassen. Bis 2022 soll Dreiviertel der Nationalparkfläche diesen Status erreicht haben.

Neben den Buchen-, Misch- und Bergfichtenwäldern der verschiedenen Höhenstufen sind es besonders die Hochmoore, Felsen und Blockhalden sowie der alpine Charakter der Brockenkuppe, die den Nationalpark Harz so einzigartig machen. Und: Kein anderes deutsches Mittelgebirge besitzt eine natürliche Baumgrenze!

Zu den populärsten wissenschaftlichen Projekten zählen die Wiederansiedlung des Eurasischen Luchses und die Wiederbelebung und Pflege des Brockengartens.

Im Nationalpark
Inversionswetterlage bei Stieglitzeck

Altenau

Anfang des 17. Jahrhunderts holten die Bergleute aus den Gruben rings um Altenau so viele Erze, dass am Nordausgang der Stadt 1610 eine Silberhütte entstand. Bergarbeiter aus anderen Gebieten, vorwiegend aus dem sächsischen Erzgebirge, siedelten in den Harz um. Noch heute spricht man in Altenau sowohl rein niedersächsisch als auch obersächsisch. 1911 wurde der Bergbau eingestellt.

⬡⬡⬡⬡⬡

KräuterPark mit GewürzGalerie

An der Straße nach Torfhaus lädt der größte Kräuterpark Deutschlands zu einer Entdeckungsreise für die Sinne ein. Kräuterpflanzen und Gewürzmischungen – ob heimisch oder exotisch – kann man ausgiebig anschauen, riechen, schmecken und tasten. In der zehn (!) Meter hohen Gewürzpagode informiert eine Ausstellung über die Kulturgeschichte der Gewürze.
Schultal 11, 📞 (05328) 91 16 84 www.kraeuterpark-altenau.de

Spaß

Altenauer Brauerei
Breite Straße 29, 📞 (05328) 217
Brauereiführung: 5 bis 15 Personen
www.altenauer-brauerei.de

SaunaTherme Heißer Brocken
Karl-Reinecke-Weg 35
📞 (05328) 9 11 57-0
www.kristalltherme-altenau.de

Ski- und BikeAlpinum Schulenberg
4 Ski-Abfahrten mit 2 Liften, Beschneiungsanlage, Snowboard
📞 0177 - 3 26 35 08
www.alpinum-schulenberg.de
MTB-Abfahrten, 📞 0177 - 3 26 35 08
www.bikepark-schulenberg.de

Tourist-Informationen Oberharz
www.oberharz.de
38707 ***Altenau/Schulenberg***
Hüttenstraße 9, 📞 (05328) 802-0
38667 Altenau OT ***Torfhaus***
im Harz Welcome Center
📞 (05320) 22 90 450

⬡⬡⬡⬡⬡

Altenauer Heimatstube

Das kleine Museum informiert über die Geschichte der Bergstadt, von Bergbau und Forstwirtschaft bis hin zur Brauchtumspflege. Außerdem geben diverse Ausstellungsstücke Einblick in das Lebenswerk des Altenauer Malers und Schriftstellers Karl Reinecke. 📞 *(05328) 802-0, Hüttenstraße 9, www.heimatstube-altenau-schulenberg.de*

⬡⬡⬡⬡⬡

Schulenberg

Vom Bergbau- und Hüttenort im 16. Jahrhundert wandelte sich der Ort in eine Waldarbeitersiedlung. Durch den Bau der *Okertalsperre* mussten 1954 die Bewohner auf den Kleinen Wiesenberg umsiedeln, etwa 60 Meter oberhalb des heutigen Stausees. Bei Niedrigwasser werden einige der Ruinen des gefluteten Gebietes heute wieder sichtbar.

Von März bis Anfang Januar kann man den Stausee vom Wasser aus erkunden. Auf dem 225 Hektar großen Okerstausee existiert seit 1972 *Linienschiffsverkehr*. Die 35 Meter lange MS „AquaMarin" nimmt pro Tour 250 Passagiere an Bord und bietet zusätzlich zahlreiche Sonderfahrten mit gastronomischer Versorgung an. *Okersee Schiffahrt GmbH, 📞 (05329) 811, www.okersee.de*

Clausthal-Zellerfeld

*Im Umfeld des heilklimatischen Kurortes befindet sich ein großer Teil der 2010 in die UNESCO-Welterbeliste aufgenommenen Stätten der **Oberharzer Wasserwirtschaft**. Dieses System von Teichen, Gräben, Stollen etc. wurde zur Energiegewinnung durch Wasser für den Bergbau angelegt. Der Erzbergbau, der jahrhundertelang die Entwicklung der Gegend und das Leben der Menschen hier bestimmte, wurde 1930 eingestellt.*

*1924 ging der Ort aus der Vereinigung der beiden Freien Bergstädte Clausthal und Zellerfeld hervor. Im Jahre 1775 schlug die Geburtsstunde der Bergakademie, der Vorgängerin der heutigen **Technischen Universität**.*

Marktkirche in Clausthal

◇◇◇◇◇

Marktkirche zum Heiligen Geist

Die in Fachwerk errichtete und mit Bohlen verkleidete Marktkirche ist die größte Holzkirche in Deutschland – 22,5 m breit, 45 m lang und mit 2 200 Sitzplätzen ausgestattet. Der Sakralbau, dessen Vorgänger niedergebrannt war, erhielt 1642 die Weihe. Der untersetzte Westturm trägt eine achteckige Welsche Laternenhaube; eine weitere sitzt als Dachreiter auf dem First des Langhauses. Im Inneren überspannt eine flache Holztonne den rechteckigen Emporensaal. Zur sehr guten Ausstattung gehören der zweistöckige, frühbarocke Altar, die Orgelempore (1642) mit Orgelprospekt (1758) und die Kanzel (1642). ☎ *(05323) 70 05 kirchengemeinde-clausthal.de*

◇◇◇◇◇

St. Salvatoriskirche in Zellerfeld

Das Gotteshaus wurde zwischen 1674 und 1683 als Saal mit Querhaus errichtet. 1863/64 entstand daraus die dreischiffige Hallenkirche in neugotischem Stil. Sie besitzt u. a. einen prachtvoll geschnitzten Orgelprospekt von Arp Schnitger (1702), einen Messing-Kronleuchter (1705) und einen Flügelaltar des Malers Werner Tübke (1929-2004): ein Triptychon mit Szenen aus dem Leben Christi in spätmittelalterlicher Malweise. ***Bornhardtstr. 4,*** ☎ ***(05323) 8 18 34*** *kirchengemeinde-zellerfeld.wir-e.de*

Spaß

Adrenalintours
Trapperführung durch die Oberharzer Wasserwirtschaft, Husky-, Rafting-, Survival- und Schneeschuhtouren
☎ 0175 - 4 40 73 46
www.adrenalintours.de

Kunsthandwerkerhof Alte Münze
mit Glashütte und Brauakademie
Bornhardtstr. 11, ☎ (05323) 93 10

Freizeitbad
Berliner Str. 14, ☎ (05323) 71 52 30
www.freizeitbad-clausthal.de

Mineralienschau im Bergwerksmuseum

Oberharzer Bergwerksmuseum

Es ist eines der bedeutendsten Technikmuseen Deutschlands. Auf dem großen Freigelände stehen originale Grubenanlagen. Unter sachkundiger Führung fährt man in das historische Schaubergwerk ein und besichtigt einen 250 Meter langen Stollen. In etwa 20 Räumen des Hauptgebäudes vermitteln Modelle, originale Grubenlampen, Münzen sowie Kleidungs- und Möbelstücke Kenntnisse zum Bergbau im Harz. Der Schacht Kaiser Wilhelm II., der Ottiliae-Schacht, die Rosenhöfer Radstube und die Dorotheer Rösche bilden lehrreiche Außenstationen des Museums.

Bornhardtstr. 16, 📞 *(05323) 9 89 50*
www.bergwerksmuseum.de
www.welterbeimharz.de

GeoMuseum

Mit ca. 120 000 Stücken gehören die Mineralogischen Sammlungen der Technischen Universität im Uni-Hauptgebäude zu den wichtigsten geowissenschaftlichen Sammlungen in Deutschland. Das Museum informiert über Geologie sowie Paläontologie und gewährt Einblicke in die Naturgeschichte des Harzes.

Adolph-Roemer-Straße 2 a,
www.geomuseum.tu-clausthal.de

Dietzelhaus

Das 1673 erbaute, dreigeschossige Haus in der Bergstraße 31 diente dem Oberbergmeister Daniel Flach. Die Stuckdecken im Inneren zeigen beeindruckende bergmännische, mythologische und religiöse Dar-

Tourist-Informationen Oberharz
www.oberharz.de
38678 *Clausthal-Zellerfeld*
Adolph-Roemer-Straße 20
📞 (05323) 8 10 24
Bergstraße 31 (Dietzelhaus)
📞 (05323) 8 10 25
38678 Clausthal-Zellerfeld,
OT *Buntenbock*
Schwarzenbacher Straße 19,
📞 (05323) 712 89 60

stellungen. *Führungen* bietet die im Erdgeschoss ansässige Tourist-Information an.
Vor dem Museum erklingt um 9.10 Uhr, 12.10 Uhr und 17.35 Uhr (freitags bis sonntags auch um 15.10 Uhr) ein *Glockenspiel*. Beim Ton der Glocken bewegt sich eine senkrecht verlaufende „Fahrkunst" mit zwei geschnitzten Bergleuten.

Bergapotheke

Über 60 Masken verzieren das doppelstöckige Giebelhaus (Bornhardtstr. 12) von 1674, das im Volksmund den Namen „Fratzenhaus" trägt.

Wildemann

Tief eingeschnitten im Tal der Innerste und des Grumbachs liegt malerisch der Bergort Wildemann mit der über den Dächern der Häuser wachenden Kirche Maria-Magdalena und umgeben von Bergwiesen. Wildemann ist die kleinste der sieben Oberharzer Bergstädte. 1971 öffnete das Besucherbergwerk 19-Lachter-Stollen, der heute einzige öffentlich zugängliche größere Wasserlösungsstollen des Harzes.

◇◇◇◇

Welterbestätte
19-Lachter-Stollen

Der riesige Wasserlösungsstollen ist einer der wichtigsten historischen Bergbauanlagen im Oberharz. Seine Aufgabe bestand darin, das Grundwasser aus höher gelegenen Gruben

Tourist-Informationen Oberharz
Bohlweg 5, 38709 *Wildemann*
☎ (05323) 61 11
www.oberharz.de

abzuleiten und damit die Möglichkeit zu schaffen, viele andere Gruben zu betreiben. Der Stollen ist 36 Meter hoch (19 Lachter) und 8 800 Meter lang. Er entstand 1551 bis 1690 lediglich mit Schlägel und Eisen und war bis 1924 in Betrieb.

Heutige Besucher können etwa 500 Meter Stollen erkunden und treffen dabei auf eine alte Radstube, einen Blindschacht und einen neuen Maschinenraum mit elektrischer Fördermaschine. ☎ *(05323) 66 28*
Im Sonnenglanz 18
www.19-lachter-stollen.de

Blick auf Wildemann im Tal

Rundwanderung durch das Spiegeltal

Neben einigen Forstwegen überwiegend Waldwege und Pfade, oft schmal, wurzelig und dicht bewachsen. Wanderschuhe nötig.

Vom Parkplatz im Spiegeltal 300m bis zum Freibad, am Eingang vorbei und nach 80m links auf dem schmalen Wanderweg (beschildert) am Bach entlang zum ehemaligen Spiegeltaler Zechenhaus – auf dem Waldweg zum Damm des Unteren Spiegeltaler Teiches. Abstecher zum Wasserfall (1 km).

Zurückgekehrt auf der Dammkrone entlang, dann links hinauf zum Forstweg und am Zechenhaus der Markierung ☒ zum Badstubenberg folgen (Aussicht, Rastplätze) –

schmaler, steiler Abstieg in den Ort und nach rechts auf dem Hangweg zurück zum Ausgangspunkt.

Tourdaten

Länge: 9,1 km; 11,1 km mit Abstecher
Schwierigkeitsgrad: mittel - schwer
Start: Parkplatz im hinteren Spiegeltal in Wildemann

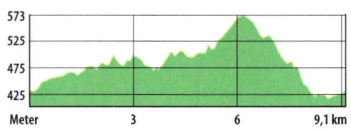

Bad Grund

*Aus einer „im Grunde" liegenden Waldarbeitersiedlung entwickelte sich ein vor allem vom Bergbau lebender Ort. 1885 wurde der Abbau mangels Erzvorkommen eingestellt. Bereits 30 Jahre zuvor war mit dem Kurbetrieb eine neue Erwerbsquelle erschlossen worden. Bad Grund ist anerkannter heilklimatischer Kurort mit **Heilstollenkurbetrieb**. Dafür wurde vor mehr als 30 Jahren der „Eisensteinstollen" erschlossen.*

⬦⬦⬦⬦⬦

Welterbestätte
Schacht Knesebeck

„Bergbau zum Anfassen" verspricht die Bergschau im Knesebeck-Schacht. Sie gewährt Einblick in den Bergbau, wie er bis zur Schließung der Anlage 1992 hier betrieben wurde. Beeindruckend sind die beiden gut erhaltenen übertägigen Kunst-

Tourist-Information
Gesundheitszentrum
Schurfbergstr. 2, 37539 Bad Grund
☎ (05327) 70 07 10
www.bad-grund.de

und Kehrradstuben, ein 1894 angehauener Suchstollen sowie der 47 Meter hohe Hydrokompressor.
Knesebeck 1, ☎ (05327) 28 58
www.knesebeckschacht.de

⬦⬦⬦⬦⬦

WeltWald Harz

Durch Abbilder der Wälder anderer Länder und Kontinente wandert man am Hübichenstein (Parkplatz) in einem der größten Baumgärten Deutschlands. Auf dem etwa 65 Hektar großen Terrain wurden seit 1975 über 600 Baum- und Straucharten angepflanzt. Das hügelige Gelände mit schönen Ruheplätzen und einer Hängebrücke ist frei zugänglich.

Iberger Tropfsteinhöhle

Uhrenmuseum

Die Sammlung verschiedenster Chronometer, darunter die Schwarzwälder Uhren, wurde 1984 im Kurhaus eröffnet und umfasst etwa 1 600 Exponate. Das älteste Stück stammt aus dem 15. Jahrhundert. *Elisabethstraße 14,* 📞 *(05327) 10 20 www.uhrenmuseum-badgrund.de*

HöhlenErlebnisZentrum Iberger Tropfsteinhöhle

Vermutlich im 16. Jahrhundert entdeckten Bergleute die märchenhaft von der Natur gestalteten Räume, die 1874 als Schauhöhle hergerichtet wurden. 2008 öffnete das moderne HöhlenErlebnisZentrum mit drei Ausstellungsbereichen: Das „Museum im Berg" informiert darüber, dass der Iberg vor 385 Millionen Jahren noch ein Korallenriff in der Südsee war. Das „Museum am Berg" stellt mit den bronzezeitlichen Toten aus der Lichtensteinhöhle sehr anschaulich die Funde und Forschungen zur weltweit ältesten genetisch nachgewiesenen Großfamilie sowie deren heute lebenden Nachfahren vor. Und schließlich erlebt man während einer *Führung* hautnah die „Faszination Höhle". 📞 *(05327) 829-391, An der Tropfsteinhöhle 1 (B 242) www.hoehlen-erlebnis-zentrum.de*

Über einhundert Jahre hinweg lagerten die Bad Grundner im Winter ihren Schnee in einer sieben Meter tiefen Erdgrube des Ibergs ein, um daraus im Sommer einen Schneemann zu bauen. Diese Tradition wird seit einigen Jahren leider nicht mehr gepflegt.

Auch Hübich, der **König der Zwerge**, lässt sich seit dem Dreißigjährigen Krieg nicht mehr sehen, da seinerzeit Soldaten seinen Hübichenstein (449 m) beschossen hatten. Der Zwergenkönig — so die Sage — hatte hier sein Reich und unter der Erde ein Schloss. Heute bietet der mit einem Adler bekrönte Kalksteinfelsen westlich des Ibergs (563 m) eine weite Aussicht, wenn man die steile Felstreppe hinauf erklommen hat.

Welterbe
Oberharzer Wasserwirtschaft

Die Oberharzer Wasserwirtschaft ist das mit Abstand größte und bedeutendste vorindustrielle Energieversorgungssystem der Welt.

Entstehung. Den gesamten Oberharz durchzieht ein ausgeklügeltes System von Wassergräben. Es entstand ab dem 16. Jahrhundert für den Bergbau, um das Regenwasser zu sammeln und in mindestens 149 künstlich angelegten Teichen zu speichern. Die Teiche wiesen eine Dammhöhe von vier bis 21 Metern (Oderteich) auf. So war auch in Trockenzeiten genügend Wasser zum Antrieb der in den Gruben zu Hunderten eingesetzten Wasserräder vorhanden. Um diese Wassermengen anschließend effektiv aus dem Berg wieder herauszuleiten, legten die Bergleute zudem unterirdische Gräben an, sogenannte Wasserlösungsstollen, von bis zu 32 Kilometern Länge. *Heute* sind noch 107 Teiche und 310 km Grabennetz im Oberharz erhalten. Viele dieser Anlagen dienen nun der Trinkwasserversorgung, dem Hochwasserschutz oder auch der Stromerzeugung.

Erlebnis Welterbe

★   *Ausstellung* im Schacht-Kaiser-Wilhelm II. in Clausthal, Erzstraße 24

Baden ist in etwa 50 Teichen erlaubt: *www.harzinfo.de*

22 WasserWanderWegen (🔎 Karte Umschlaginnenseite) mit etwa einhundert Schautafeln *www.harzwasserwerke.de*

Zum Welterbe gehören auch *Bergwerke, Stollen und Museen*:

Clausthal-Zellerfeld – Rosenhöfer Radstuben, Ottiliae-Schacht, Schacht-Kaiser-Wilhelm II. und Oberharzer Bergwerksmuseum (🔎 Seite 80)

Bad Grund – Schachtanlage Knesebeck (🔎 Seite 82)

Wildemann – 19-Lachter-Stollen (🔎 Seite 81)

St. Andrasberg – Grube Samson (🔎 Seite 74)

Goslar – Erzbergwerk Rammelsberg 🔎 Seite 15)

Walkenried – Kloster Walkenried (🔎 Seite107)

Wassersport an Talsperren

Der Harz verfügt über ein ausgeprägtes, überdurchschnittlich großes System von Stauseen und Talsperren.

Allein für die Bergbaugebiete im Unter- und Oberharz wurden Hunderte Teiche zur Energiegewinnung angelegt. Heute dienen die Staumauern und die mit ihnen künstlich geschaffenen Seen überwiegend der Schmelzwasserregulierung (Hochwasserschutz) sowie der Trinkwassergewinnung. Wassersport ist deshalb nur auf wenigen Stauseen erlaubt:

Innerste-Talsperre bei Wolfshagen	Segeln, Rudern, Angeln, Baden
Überleitungssperre Königshütte	Angeln
Bremer Teich bei Gernrode	Baden, Angeln
Osterteich bei Gernrode	Baden
Sösestausee bei Osterode	Angeln
Okerstausee (🔎 Seite 78)	Baden, Surfen, Segeln, Rudern, Tauchen
Odertalsperre bei Bad Lauterberg	Segeln, Surfen, Angeln
Wendefurther Stausee (🔎 Seite 91)	Rudern, Angeln
Stausee Kelbra	Baden, Segeln, Surfen, Rudern

Harzer Rotes Höhenvieh bei Tanne

Harzhochfläche und Unterharz
Stille Natur mit sanften Hügeln

Burg Falkenstein im Selketal

Elbingerode

Der traditionsreiche Bergort mit über 1000-jähriger Montangeschichte lädt heute auf einer sanft geschwungenen Hochebene zu einem erholsamen Natururlaub ein. Dem Stift Gandersheim verpflichtet, erscheint die Siedlung als „Alvelingerot" erstmals 1206 urkundlich, damals bereits mit drei Kirchen, Markt und Münze. 1208 kam die kaiserliche Jagdpfalz Bodfeld hinzu, wo 1056 Kaiser Heinrich III. gestorben war. 1564 wird Elbingerode in einer Urkunde erstmals als Stadt bezeichnet. Forstwirtschaft, Bergbau und Hüttenindustrie waren bis ins 19. Jahrhundert hinein die Haupterwerbszweige. Den Eisenerzbergbau stellte man 1970 ein. Heute prägen großflächige, aktive Tagebaue die Umgebung des Ortes.

An der Zillierbachtalsperre

◇◇◇◇◇

Schaubergwerk Büchenberg

Mit einem „Glück auf!" werden seit 1989 die Besucher zu den 90-minütigen Führungen begrüßt, bevor es dann 145 Stufen abwärts ins Innere des ehemaligen Eisenbergwerks geht. Der ca. 600 Meter lange Rundweg führt u. a. in einen Eisenerzabbau mit typischen Fördergeräten und -einrichtungen. Die bis zuletzt genutzten Grubenräume vermitteln anschaulich Lagerstättengeologie. Seit 2016 gehören zum Museum auch Bergbaumaschinen und -geräte aus der jetzt verfüllten Schwefelkiesgrube „Drei Kronen & Ehrt" (Richtung Rübeland), die erst 1990 die Produktion eingestellt hatte.
an der B 244 Richtung Wernigerode
☎ *(039454) 4 22 00*
schaubergwerk-elbingerode.de

◇◇◇◇◇

Neuvandsburg

Ein schönes Beispiel für Modernes Bauen der späten Bauhaus-Ära ist das Gebäude-Ensemble des Diakonissenmutterhauses Neuvandsburg am nördlichen Ortsrand Elbingerodes. Der bis in viele Details hinein original erhaltene Bau des Architekten Godehard Schwethelm wurde am 9. Juni 1934 eingeweiht. Das von der ursprünglich aus Vandsburg in Westpreußen (seit 1920 Polen) stammenden Schwesternschaft 1921 erworbene christliche Kurhotel war zu klein geworden und musste diesem funktionalen Neubau weichen. Besonders beeindruckend sind heute der in seiner Inneneinrichtung äußerst variable Kirchenbau und die darunter liegende Schwimmhalle, deren Fliesen und sogar Pooltechnik noch aus der Bauzeit stammen.
Unter den Birken 1, Bauhaus-Führungen nach Absprache
☎ *(039454) 8 13 50 (Gästebüro) oder 8 13 80 (Rezeption)*

Wandern zur Zillierbachtalsperre

Natur

Überwiegend breite Forst- und Waldwege, Wanderschuhe nicht zwingend nötig, Harzklubbeschilderung

Mit dem Auto von Elbingerode in Richtung Drei Annen Hohne, vor dem Mutterhaus „Neuvandsburg" rechts einbiegen in die Straße Unter den Birken und bis zum Parkplatz hinter dem Waldgasthaus „Zum Hirschbrunnen" fahren – von hier am Waldrand entlang ▲ (rechts die Freifläche „Unart") und nach 750 m links in den Wald hinein ✖ – an den alten Büchenberg-Häusern links weiter bis zum großen Rastplatz unterhalb des Peterssteins ✖ – hier beschilderten Abstecher zum *Petersstein mit schöner Aussicht* über den Zillierbachstausee.

Zurück und rechts über die Staumauer, dann links auf dem breiten Forstweg ▲ immer entlang des Stausees – ein Stück hinter dessen Ende nach links den Zillierbach überqueren ◼ und auf dem *forstgeschichtlichen Rundweg* bis zur Mitte des Sees an dessen Ufer entlang – dann nach rechts ◼ und etwa 150 m hinter dem großzügig angelegten Rastplatz am Hirschbrunnen links abbiegen, zurück zum Start.

Tourdaten
Länge: 7,15 km
Schwierigkeitsgrad: leicht
Start: Hinter dem Waldgasthaus „Zum Hirschbrunnen" Elbingerode

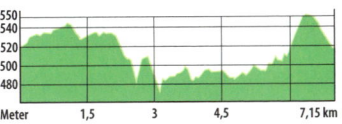

Rübeland

Bereits in der Altsteinzeit dienten die Höhlen in der Gegend des heutigen Ortes Rübeland als Unterkunft. Die wirtschaftliche Erschließung des Gebietes führte im 9./10. Jahrhundert zur Entstehung erster Siedlungen.

Dank der entdeckten Höhlen – Baumannshöhle (1536), Bielshöhle (1672) und Hermannshöhle (1866) – entwickelte sich mehr und mehr der Tourismus. Ab 1788 von Steiger Becker erschlossen, konnte man 15 Grotten in der von Kristallen und Tropfsteinen reichen Bielshöhle bewundern. Jedoch brachen Beckers Nachfahren alle Tropfsteine ab und verkauften sie. Die

Tropfsteinhöhlen
Blankenburger Straße 36
38889 Oberharz am Brocken
OT Rübeland, ☎ (039454) 49132
www.harzer-hoehlen.de

Höhle wurde geschlossen. Die beiden anderen gehören heute zu den Touristenattraktionen des Harzes.

Nachdem mit der Rübelandbahn das Transportproblem gelöst war, begann zum Ende des 19. Jahrhunderts der Abbau des reichlich vorhandenen und qualitativ hochwertigen Kalksteins. Dies führte zu prägnanten Landschaftsveränderungen. Noch heute besteht in Rübeland ein Kalkwerk.

In der Baumannshöhle

Baumannshöhle

Eine Sage erzählt, dass ein Bergmann namens Friedrich Baumann die Höhle 1536 entdeckte. Mehrere Tage irrte er in der unterirdischen Traumwelt umher, berichtete noch von seiner wundersamen Entdeckung und starb. Zahlreiche Funde von Stein- und Knochengeräten belegen, dass bereits vor 50 000 Jahren Menschen in dieser Höhle während der Jagd rasteten. Knochen fand man nicht nur vom Höhlenbären, sondern auch von Wölfen, Auerochsen und Renen.

Heute beeindruckt vor allem der riesige „Goethesaal" – eine Grotte in den Abmaßen 60 mal 40 Meter mit glasklarem See und Naturbühne. Zu den *außergewöhnlichen Theateraufführungen* sollte man mit festen Schuhen und warmer Kleidung erscheinen. *„Höhlenfestspiele"*
Karten/Infos: 📞 *(039454) 4 91 32*

Hermannshöhle

Ein Jahr nach ihrer Entdeckung 1866 begann Hermann Grotrian, die Höhle wissenschaftlich unter die Lupe zu nehmen, die denn auch seinen Namen trägt. Zu den Besichtigungshöhepunkten gehören der fließende Höhlenbach, die Kristallkammern, das Skelett eines Höhlenbären und die seltenen Grottenolme.

Achsenschmiede

Das alte Wasserkraftwerk im Kreuztal an der B 27 stammt aus den Jahren der Industrialisierung und wurde 1994 als Schaukraftwerk restauriert. Der hier erzeugte Strom reicht für 48 Haushalte. Im Außenbereich sind die Laufräder alter Turbinen und ein Wasserrad-Modell ausgestellt.
📞 *(039454) 4 36 46*
www.achsenschmiede.de

Blauer See

Der See, ein Überbleibsel des Kalksteinabbaus im Garkenholz, liegt 15 Gehminuten vom Parkplatz an der B 27 nach Hüttenrode entfernt. Nach dem Zweiten Weltkrieg wurde der Steinbruch stillgelegt. Der hohe Kalkgehalt des Wassers sorgt für eine Absorbierung aller Farben mit Ausnahme von Blau. So reflektiert der kleine See das Licht in reizvollem Azurblau, was heute meist nur noch im Frühjahr zu beobachten ist.

Rübelandbahn

Zwischen Blankenburg und Rübeland verkehrt mehrmals im Jahr die Dampflokomotive 95 027. Eine Fahrt mit der „Bergkönigin" kombinieren die Organisatoren beispielsweise mit Wandern, Radfahren oder Theaterbesuchen. *www.arbeitsge meinschaft-ruebelandbahn.de*

Für beide Höhlen charakteristisch sind die *Stalagmiten* (durch Kalkwassereinwirkung von unten nach oben wachsende Steingebilde) und die *Stalaktiten* (von oben nach unten wachsend). Im Verlauf von Ewigkeiten kam es vor, dass sich diese Gebilde trafen und sich zu *Stalagnaten* vereinten. Die tropfenden Steine wachsen in einhundert Jahren etwa 3,5 Zentimeter. Die Temperatur beträgt in den Höhlen ganzjährig nur etwa acht Grad Celsius.

Hasselfelde

Mitten im Harzgebirge breitet sich auf einer Hochebene die alte Bergbau- und Hüttenstadt aus, die allerdings zwischen 1559 und 1893 fünf verheerende Großbrände ertragen musste. Im 19. Jahrhundert gestaltete sich die Viehzucht zum bedeutenden Erwerbszweig. Außerdem arbeiteten im Ort Holz- und Steinhauer, Köhler sowie Fuhr- und Bauleute.

<><><><>

Stadtkirche St. Antonius
Am Marktplatz erhebt sich der große neugotische Bau, der 1845 bis 1851 nach Plänen von Carl Theodor Ottmer entstanden ist. Die dreischiffige Basilika mit Westturm ersetzt die niedergebrannte Vorgängerkirche.
☎ *(039459) 7 13 71*

<><><><>

Westernstadt Pullman City Harz
Am Ortsausgang Richtung Blankenburg liegt der Western-Freizeitpark

Tourist-Informationen der Stadt Oberharz am Brocken
www.oberharzinfo.de
38875 OT *Elbingerode*
Markt 3, ☎ (039454) 8 94 87
38899 OT *Hasselfelde*
Breite Str. 17, ☎ (039459) 7 13 69
38877 OT *Benneckenstein*
Bahnhofstr. 21 B, ☎ (039457) 26 12
38875 *OT Elend*
Hauptstraße 19, ☎ (039455) 375

mit Mainstreet, Fort der US-Army und Tipilager. Auf etwa 100 000 m² wird der Alltag in einer nordamerikanischen Kleinstadt Mitte des 19. Jahrhunderts nachempfunden. Neben dem Showprogramm gibt es viele thematische Veranstaltungen. Man kann in Blockhütten oder im Hotel übernachten; auch Pferde von Reittouristen werden versorgt. *Am Rosentale 1,* ☎ *(039459) 73 10 www.pullmancityharz.de*

<><><><>

Rappbodetalsperre
Die Rappbodetalsperre besitzt den größten Stausee im Harz. Er ist etwa acht Kilometer lang und fasst bis zu 109 Millionen Kubikmeter Wasser. Die 415 Meter breite Staumauer ist mit ihrer Höhe von 106 Metern die höchste Staumauer Deutschlands. Sie bildet den Abschluss des Staustems der Bode. Hier vereinigen sich die Warme und die Kalte Bode sowie die Rappbode aus den verschiedenen Richtungen, vor allem aus der Brockenregion.

Mit der Umsetzung der noch aus dem 19. Jahrhundert stammenden Idee eines Bodetalsperrensystems begann man 1936. Nach dem Krieg

Pumpspeicherkraftwerk am Wendefurther Stausee

Kultur

Blumenau-Museum
Ausstellung für Dr. Blumenau,
deutscher Kolonialist in Brasilien
38899 OT Hasselfelde, Breite Straße 17
☎ (039459) 7 13 69

Spaß

Bootsverleih Wendefurth
Floßfahrt, schwimmende Gaststätte
Am Stausee 2, ☎ 0171 - 4 08 29 72
www.erlebnis-talsperre-harz.de

Hängebrücke
an der Rappbodetalsperre

wurde es von 1952 bis 1959 vollendet. Das Bodesystem dient dem
Hochwasserschutz und der Trinkwasserversorgung und ist streng
geschützt. Eine Ausnahme bildet
der Teilstausee der *Wendefurther
Mauer*. Auf ihm kann man sogar
mit Ruderbooten fahren. Der Tal-
sperrenbetrieb bietet Besichtigungen des Mauerinneren der Talsper-
re Wendefurth (April bis Oktober Mi
14 Uhr, Sa 11 Uhr). ☎ *(03944) 94 20*
www.talsperren-lsa.de

◇◇◇◇

Harzdrenalin

Ein aufregendes Kontrastprogramm
findet an den Talsperren statt. Zu
Segwaytouren, Megazipline (größte Doppelseilrutsche Europas, 1 km
lang, 120 m Höhendifferenz) an der
Rappbode-Staumauer und *Wallrun-
ning* (angeseilt 43 Meter die Wendefurther Staumauer hinablaufen)
gesellte sich die bei ihrer Eröffung
2017 längste *Hängebrücke* der Welt
für Wanderer und Adrenalinjunkies
(GigaSwing, 75 m ins Rappbodetal
springen). ☎ *(039454) 20 90 00*
www.harzdrenalin.de

◇◇◇◇

Harzköhlerei Stemberghaus

An der B 81 Richtung Blankenburg
bietet eine der letzten noch arbei-
tenden Köhlereien des Harzes Gelegenheit, die Holzverkohlung ken-
nenzulernen. Das erste deutsche
Köhlereimuseum gibt Einblick in
die Entwicklungsgeschichte dieses
Handwerks. Über zwölf Stationen
führt der sechs Kilometer lange
Köhlerweg, Teil des Harzer Hexen-
Stiegs 🔎 S. 96), vom Stemberghaus
bis nach Hasselfelde. ☎ *(039459)
7 22 54, www.harzkoehlerei.de*

Nicht nur eine Reise in die DDR-Fahrzeuggeschichte unternehmen
Besucher des *Ostdeutschen Fahrzeug- und Technikmuseums* im
Ortsteil Benneckenstein. In der Ausstellungshalle erinnern unzählige
Alltagsgegenstände an diese Zeit. Auf dem Freigelände fasziniert Mi-
litärtechnik, wie Panzer und Luftabwehrkanonen, der U-Boot-Turm
sowie die Abhörkuppel vom Brocken. Legendär sind mittlerweile die
Panzerfahrten auf der Offroad-Strecke. *www.mts-oldtimermuseum.de*

Burg Falkenstein

Im Selketal erhebt sich auf einer 134 Meter hohen Bergkuppe mit der Burg Falkenstein (🔎 Foto S. 85) eine der am besten erhaltenen Harz-Burgen. Vom Parkplatz am Gartenhaus, direkt an der Straße zwischen Meisdorf und Pansfelde, gelangt man mit Pferdekutschen bzw. mit der Bimmelbahn bis zur Burganlage. Auf schönen Wegen empfiehlt sich auch die knapp zwei Kilometer lange Wanderung.

Die Entstehungsgeschichte dieser relativ kleinen Höhenburg geht bis in die Zeit um 1120 zurück, als Burchard von Konradsburg den Bau der Anlage veranlasste und sie als neue Residenz seines Geschlechts bestimmte. Zu den wichtigsten wehrhaften Bauten gehörten die 17 Meter hohe und fast vier Meter starke Schildmauer, die zwei Schieß-

Museum Burg Falkenstein
Burg Falkenstein 1
06543 Falkenstein, OT Pansfelde
📞 (034743) 5 35 59-0
www.burg-falkenstein.de

scharten und einen hervorkragenden Wehrgang besaß, sowie die Ringmauer und der Bergfried.

Ihr jetziges Aussehen verdankt die Burg mehreren Umbauten. 1334 erlosch das Grafengeschlecht von Falkenstein. 1437 erwarben die Herren von der Asseburg die Anlage, die sie zu größerer Wohnlichkeit umbauen ließen. 1491 entstand als reiner Fachwerkbau das *Wirtschaftsgebäude mit der Burgküche* im Erdgeschoss. In der zweiten Hälfte des 16. Jahrhunderts wurde der Westflügel der Kernburg umgebaut (jetzige *Kemenate*). An der Nordmauer errichtete man das *Amtshaus* mit Amtsstube, Gesindekammer und Kornboden. Der Schiefe Saal, die Stirnwände des Rittersaales und die Dirnitz wurden mit *Stukkaturen* verziert, die zu den frühesten und besten Stukkaturen Mitteldeutschlands gehören.

1592 ließ August I. von der Asseburg auch noch den *Bergfried* um zehn Meter erhöhen (heute mit Aussichtsplattform) und stiftete zwei Jahre später die vollkommen aus Holz gefertigte Ausstattung der *Burgkapelle*.

Ab 1826 erfolgten die Umbauten zur Sommer- und Jagdresidenz. Der Rittersaal und die Räume im Obergeschoss des Palas' wurden von Friedrich August Stüler neogotisch gestaltet. Das Erdgeschoss nahm eine dreiräumige Suite („Königs-

Alte Burgküche (1491)

zimmer") für hohen Besuch auf. Das dritte Burgtor erhielt einen zweigeschossigen Oberbau mit Zimmern und einem Jagdsaal.

Auf dem Hof der Kernburg befindet sich eine 20 Meter tiefe *Zisterne*, die von einem Holzhäuschen des 19. Jahrhunderts überdeckt wird.

Bereits 1946 öffnete das *Museum* in der Burg mit der aus mehreren Jahrhunderten stammenden Sammlung von Gemälden, Möbeln, Porzellan, Zinn, Waffen und ähnlichem. Dank aufwendiger Restaurierungen in jüngster Zeit präsentieren sich viele Räume im Originalzustand, so auch der Rittersaal, die Königszimmer, die spätgotische Alte Küche und die

Zwischen 1220 und 1235 entstand auf der Burg Falkenstein mit dem *„Sachsenspiegel"* das bedeutendste deutsche Gesetzbuch des Mittelalters. Graf Hoyer von Falkenstein veranlasste den Verfasser Eike von Repkow, wohl seine eigene lateinische Fassung in das Niederdeutsche zu übertragen. Eine Ausstellung informiert darüber.

Burgkapelle. Auf der Burg wird die über viertausend Jahre alte Kunst der *Falknerei* betrieben (Flug-Vorführungen mit Uhu, Adler oder Falke April bis Oktober Mi bis So 11.30 und 14.30 Uhr).

Harzgerode

Sowohl weite offene Flächen, als auch dichte Misch- und Laubwälder umgeben das Städtchen im Zentrum der östlichen Harzhochfläche mit seiner leicht hügeligen Landschaft. Im Jahr 2009 schlossen sich insgesamt 13 Gemeinden zur neuen Stadt Harzgerode zusammen.

Mit Gründung des Benediktinerklosters Thankmarsfelde nördlich von Mägdesprung entstanden um 970 auch die Siedlungen Hagenrode (Alexisbad) und Harzgerode. Vom 16. bis zum Beginn des 20. Jahrhunderts bestimmte der Bergbau die Entwicklung.

◇◇◇◇◇

Schloss

Anstelle einer mittelalterlichen Burg ließen die Fürsten von Anhalt 1549 bis 1552 das Schloss errichten. Mit dem Aussterben der Linie Anhalt-Bernburg 1709 diente das Anwesen nicht mehr als fürstlicher Wohnsitz. Der Festsaal (ehemals Rittersaal) beeindruckt mit seinem europaweit

Stadtinformation
Schlossplatz 3
06493 Stadt Harzgerode
☎ (039484) 72 32 87
www.harzgerode.de

einmaligen Parkett aus 18 Holzarten des Harzes. Das Kaminzimmer wird heute für wechselnde Ausstellungen genutzt. Im „Historischen Kabinett" stehen Originalstücke aus der 200-jährigen Geschichte des benachbarten Alexisbad im Mittelpunkt. Im Wehrgang informieren Exponate über die Kunstgusstradition im Ortsteil Mägdesprung.
Schlossplatz 3, ☎ (039484) 4 21 06

Marktplatz in Harzgerode
mit Rathaus und St. Marienkirche

St.-Marien-Kirche

Die ältesten Teile der überwiegend barocken Bergmannskirche sind der Unterbau des massiven Westturms (13. Jahrhundert) und drei spätgotische Umfassungswände mit spitzbogigen Fenstern eines polygonalen Chores. Im Inneren dominieren die dreiseitigen und dreigeschossigen Emporen sowie der Fürstenstuhl mit den Bildnissen des Fürsten Wilhelm und seiner Gemahlinnen.
www.st-marien-harzgerode.de

Industriemuseum Carlswerk

Im Ortsteil *Mägdesprung* gewährt das 2002 in der Neuen Maschinenfabrik eröffnete Industriemuseum

💡 Das *Mausefallenmuseum* mit allerlei Kuriositäten verführt im Ortsteil Güntersberge zum Schmunzeln, z. B. über die Galerie der stillen Örtchen.
www.mausefallenmuseum.de

mit original erhaltenen Maschinen imposante Einblicke in die Kunstgussproduktion. An diese Epoche erinnern auch das 2012 erneuerte Obelisk-Rondell sowie die Tiergroßplastik „Der besiegte Hirsch" von 1862 in der Ortsmitte.
www.harzgerode.de

Grube Glasebach

Im Ortsteil *Straßberg* lädt die zum Bergbaumuseum ausgebaute Grube Glasebach zur Besichtigung von Schwingkünsten unter Tage sowie zu einer Fahrt mit der Grubenbahn über Tage ein und präsentiert Bergbautechnik des Straßberger Reviers. Ab 1889 wurde einhundert Jahre lang Flussspat gefördert.
www.grube-glasebach.de

Burgruine Anhalt

Etwa vier Kilometer nordöstlich von Harzgerode liegt auf dem Großen Hausberg die Burg Anhalt, die sich

Graf Otto von Ballenstedt 1115 bis 1123 als Stammsitz errichten ließ. Gleich nach ihrer Zerstörung 1140 durch Markgraf Konrad zu Meißen entstand unter Albrecht I. von Brandenburg (Albrecht der Bär) die hochromanische Anlage mit Vor- und Hauptburg – die Wiege Anhalts

Wippra

Bereits im Hersfelder Zehntverzeichnis um 840 erwähnt, zählt Wippra zu den ältesten Siedlungen des Harzes. Die nördlich des Ortes liegenden wenigen Reste der früheren Burg, die heute „Altes Schloss" genannt wird, stammen mindestens aus dem 11. Jahrhundert und gehen auf die Mansfelder Grafen zurück. Die Anlage war eine der in Mitteldeutschland seltenen Backsteinburgen.

Kletterfelsen im Wolfstal

(🔎 S. 63). Vom Bergfried blieb ein Stumpf mit rundbogiger Öffnung erhalten. Anlässlich des Jubiläums „800 Jahre Anhalt" 2012 wurden die Mauerreste gesichert und saniert, ein neues Wegesystem mit moderner Beschilderung sowie ein Informationsplatz angelegt.

> **Wipperia-Funpark**   `Spaß`
> 1000 m lange Sommerrodelbahn, 15m hoher Kletterfelsen, Kletterwald, Event-Gastronomie
> Dr.-G.-Jacob-Weg 1, 📞 0152- 04076575
> ***www.wipperia-funpark.de***

⬦⬦⬦⬦⬦

Kirche St. Marien

Der barocke Putzbau (1775-80) mit quadratischem Westturm und achtseitigem Fachwerkaufsatz überrascht nicht zuletzt durch sein spätgotisches Inventar. In einer Nische im Chor ist der geschnitzte Schrein eines Flügelaltars (um 1500) zu bestaunen. Drei gemalte Medaillons zieren die Holztonnendecke.

⬦⬦⬦⬦⬦

Museums- und Traditionsbrauerei

Die 1480 gegründete Brauerei liegt seit 2004 in privaten Händen. Nach überlieferten Rezepten werden Pilsner, Bock und Schwarzbier gebraut. Zur Führung muss man sich anmelden (Termine im Internet), aber kaufen kann man das Flaschenbier von Montag bis Samstag. Wer jedoch lieber sein eigenes Bier brauen möchte, kann dies in Kursen hier erlernen. ***Bottchenbachstr. 1, 06526 Sangerhausen, OT Wippra, 📞 (034775) 20205, www.wippra-bier.de***

Wandern im Harz – Themenwege

Der Harzklub e. V. kümmert sich um das weite Wanderwegenetz. Es umfasst etwa 8 000 Kilometer. Die Hauptwanderwege sind alphanumerisch beschildert z. B. 39 G oder 26 B. Rundwege sind örtlich nummeriert. *www.harzklub.de* • 222 Stempelstellen an Gasthäusern, Schutzhütten und Aussichtspunkten laden zum Sammeln von Wanderstempeln ein. *www.harzer-wandernadel.de* • Spezielle Natur- und Kulturerlebnisse bieten die Fernwanderwege:

Harzer Hexen-Stieg: 97 km, zertifizierter Wanderweg von West nach Ost
Route: Osterode – Torfhaus – Brocken – Schierke – Rübeland – Altenbrak – Treseburg – Thale. Alternative Brockenumgehung: Torfhaus – St. Andreasberg – Braunlage – Königshütte; Alternative Südroute: Königshütte – Hasselfelde – Altenbrak. *www.harz-wanderkarten.de/harzer-hexen-stieg*

Harzer Grenzweg: 91 km, Wanderweg entlang der ehemaligen Grenze BRD/DDR, Teil des Projekts „Erlebnis Grünes Band"
Route: Kleiner Fallstein – Stapelburg – Eckertalsperre – Brocken – Eckersprung – Wurmberg – Braunlage – Sorge – Hohegeiß – Walkenried – Tettenborn. *www.harz-wanderkarten.de/harzer-grenzweg*

Harzer Klosterwanderweg: 95 km, Pilgerweg am Nordharzrand vermittelt ein beeindruckendes Bild der einstigen Klosterlandschaft
Route: Neuwerkkirche Goslar – Wöltingerode – Ilsenburg – Drübeck – Michaelstein (Blankenburg) – Stift Wendhusen (Thale) – Marienkloster Quedlinburg *www.harz-wanderkarten.de/harzer-klosterwanderweg*

Selketal-Stieg: 74 km, Wanderweg durch unberührte Natur verbindet kulturelle Höhepunkte des Ostharzes
Route: Bahnhof Stiege – Güntersberge – Straßberg – Alexisbad – Mägdesprung – Burg Falkenstein – Ballenstedt – Gernrode – Bad Suderode – Quedlinburg *www.harz-wanderkarten.de/selketal-stieg*

Teufelsstieg: 26 km, Wanderweg auf Goethes Spuren (Faust I) von Elend über den Brocken nach Bad Harzburg *www.harz-wanderkarten.de/teufelsstieg*

Südharzer Dampflok-Steig: 42 km, Wanderweg zwischen den Haltepunkten Sophienhof und Altentor in Nordhausen, bietet wunderbare Gelegenheit, das Wandern und eine Fahrt mit der Harzer Schmalspurbahn zu kombinieren *www.harz-wanderkarten.de/harzer-dampfloksteig*

Karstwanderweg: 230 km, zertifizierter Fernwanderweg in West-Ost-Richtung entlang des südlichen Harzrandes *www.karstwanderweg.de*

Harzer Baudensteig: 97 km, Wanderweg von Bad Grund nach Walkenried, verbindet bewirtschaftete „Bauden", z. B. Hanskühnenburg und Großer Knollen

Försterstieg: 60 km, Wanderweg von Goslar nach Riefensbeek-Kamschlacken, vorbei an Grane-, Innerste- und Sösetalsperre *www.försterstieg.de*

Wege deutscher Kaiser und Könige des Mittelalters im Harz:
Weit gespanntes Harzer Wegenetz in Form eines Geschichtslehrpfads
Route Kaiserweg: Bad Harzburg – Molkenhaus, Oderbrück, Königskrug – Walkenried – Ellrich – Woffleben – Nordhausen – Heringen – Hamma – Auleben – Badra – Querung Kyffhäuser – Königspfalz Tilleda

Schloss und Martinikirche
Stolberg

Südharz
Kultur- und Karstlandschaft

Karsthöhle „Kelle" bei Ellrich

Stolberg

Der beliebte Ausflugs- und Erholungsort, eingebettet in den Tälern von Thyra und Lude sowie der Großen und der Kleinen Wilde, besticht durch seine prachtvoll verzierten Fachwerkhäuser im Stil der Spätgotik und der Renaissance. Wahrhaft majestätisch thront über dem Städtchen das Schloss der Stolberger Grafen.

Das Stadtrecht erhielt Stolberg vor 1300. Eine schützende Mauer brauchte der in Täler gezwängte Ort nicht, lediglich Stadttore an den Straßenausgängen und am Marktplatz. Bergbau und Leineweberei bestimmten das Leben und brachten Wohlstand.

∞∞∞∞∞

Schloss

Ein Graf von Stolberg taucht erstmals 1210 in der Geschichtsschreibung auf. Die mittelalterliche Anlage des 13. und 14. Jahrhunderts ist in ihren Grundzügen – der quadratisch Kernburg mit drei Toren und der dreieckigen Vorburg – noch heute erkennbar.

Im 16. und 17. Jahrhundert wurde die alte Kernburg zum Renaissanceschloss umgebaut und um die Flügel im Südwesten und im Nordosten erweitert. Im Erdgeschoss des

Blick in die Niedergasse

rechteckigen Wohnturms richtete man die Schlosskapelle ein, unter der das Burgverlies lag. 1690 bis 1700 erhielt das Schloss den letzten Schliff. Der neue, barocke Südostflügel verband die beiden älteren Flügel. Ebenfalls aus dieser Zeit stammen die geschwungenen barocken Turmhauben. Die Räume erhielten üppig gestaltete Stuckdecken. Karl Friedrich Schinkel lieferte die Pläne für Dekoration und Möbel.

Zu DDR-Zeiten diente das Schloss als Ferienheim. 2002 kaufte die Deutsche Stiftung Denkmalschutz das vom Verfall bedrohte Schloss und begann sofort mit Sicherungs- und Sanierungsarbeiten. Die meisten Räume des Fürstenflügels können wieder besichtigt werden. Ein komfortables Hotel ist im Entstehen. *Schlossberg 1, ☎ (034654) 85 88 80 www.tourismus-suedharz.de*

Rathaus
mit Thomas-Müntzer-Denkmal

<><><>

Rathaus

Gleich drei Häuser mussten weichen, damit an ihrer Stelle 1452 mit dem Bau des Rathauses begonnen werden konnte. Auf dem zweigeschossigen, massiven Unterbau erhebt sich ein Fachwerkgeschoss, das über Knaggen weit hervorkragt. Im Inneren gibt es keine Treppe. Vom Markt aus gelangt man nur in den Ratskeller, alle weiteren Räume sind seitlich über die breite, zur Kirche führende Treppe zu erreichen.

Ursprünglich besaß das Rathaus zwölf Türen (Anzahl der Monate eines Jahres), 52 Fenster (Anzahl der Wochen) und 365 Fensterscheiben (Anzahl der Tage). Die kunstvolle Sonnenuhr mit dem Stadtwappen stammt aus dem Jahr 1724. Der Felderschmuck über den Fenstern im Erdgeschoss verweist auf das reiche Zunftleben in dem Harztal.

<><><>

Seigerturm

Der Rundturm gegenüber dem Rathaus steht seit dem 13. Jahrhundert hier. Er ist der einzig erhaltene Schutzturm des Ortskerns. Der obere Teil wurde 1832 erneuert. An den Turm grenzte das alte Rathaus. Dessen 1506/07 eingebaute Bohlenstube (Ratsstube) besaß Eckständer mit Heiligenfiguren. Nach dem Abriss des Hauses wurden die Ständer vermutlich im benachbarten *Müntzer-Haus* (Niedergasse 2) verbaut.

<><><>

St.-Martini-Kirche

Von der romanischen Kirche des 12. Jahrhunderts blieb der untere Teil des Westturmes erhalten. In der zweiten Hälfte des 13. Jahrhunderts

Tourist-Information
Niedergasse 17
06536 Südharz, OT Stolberg
☎ (034654) 454 oder 1 94 33
www.tourismus-suedharz.de

entstand eine größere dreischiffige Basilika. Der Chor und die Außenwände des Langhauses sowie die bemalten Holzdecken und die mit einem Sterngewölbe geschmückte Sakristei sind das Ergebnis der spätgotischen Bauperiode 1463 bis 1490. Verblüffend umfangreich und teils von hohem künstlerischem Wert ist die Ausstattung. Sie reicht vom spätbarocken Altaraufsatz, einem Renaissance-Taufstein, über einen Orgelprospekt (1701-03) bis hin zu wertvollen Gemälden, Reliefs, Skulpturen und Epitaphen verschiedener Epochen.

„Kleines Bürgerhaus"

Das Museum in der Rittergasse 14 gehört zu den ältesten erhaltenen Häusern der Stadt. Um 1470 wurde das einfache Haus in rustikal-kräftiger Fachwerkkonstruktion erbaut. Obergeschoss und Dach kragen jeweils über Knaggen weit vor. Decken und Wände im Inneren sind mit Eichenbohlen verschlagen. Zu sehen ist u. a. eine Wohnküche mit Möbeln und Hausrat vorwiegend aus dem 16. Jahrhundert. ☎ *(034654) 8 59 55*

Münzmuseum

Das prachtvolle Fachwerkhaus „Alte Münze" in der Niedergasse 19 wurde 1535 erbaut. Es besticht durch seine Schönheit, erzeugt von Fächerrosetten, Balkenschildern, geschmückten Knaggen, eingefassten doppelten Schiffskehlen, dem Flechtband und nicht zuletzt dem fünfseitigen Erker über dem Portal. Das Haus beherbergte die Münze der Stadt. 2003 wurde das Gebäude restauriert und im Jahr darauf als Münzmuseum eröffnet. Die im Erdgeschoss gezeigte historische Münzwerkstatt besteht aus Geräten des 14. bis 18. Jahrhunderts.
Niedergasse 19, ☎ *(034654) 8 59 60*
www.tourismus-suedharz.de

Josephskreuz

Das höchste eiserne Doppelkreuz der Welt steht auf dem vier Kilometer von Stolberg entfernten Großen Auerberg (579 m). Vom Parkplatz Auerberg führt die *„Straße der Lieder"* (14 Stationen mit Liedtafeln) hinauf. Ungefähr 100 000 Nieten halten den 38 Meter hohen Aussichtsturm in Form eines vierarmigen Kreuzes zusammen. 200 Stufen muss man bis zur oberen Plattform erklimmen. Der Vorgänger der Eisenkonstruktion war ein hölzernes Doppelkreuz nach Entwürfen von Karl Friedrich Schinkel. Es brannte 1880 nieder.

Während des Bauernkrieges (1525/26) wurde der um 1489 in Stolberg geborene *Thomas Müntzer* zum Anführer in Thüringen. Ein Brand 1851 zerstörte das Geburtshaus Müntzers in der Niedergasse 2. Die geretteten vier eichenen Ecksäulen mit fast lebensgroßen Heiligenskulpturen stehen im Museum „Alte Münze", Abgüsse von ihnen integriert das Müntzer-Denkmal am Markt. *www.martin-luther-reisefuehrer.de*

Josephskreuz auf dem Auerberg

◇◇◇◇◇

Heimkehle bei Rottleberode

Die Karsthöhle, eine der größten deutschen Schauhöhlen, erstreckt sich über zwei Kilometer im Höhenrücken Alter Stolberg. Sie entstand

durch Auswaschungen der Gipsgesteine während des Zechsteins. Besucher erkunden bei einer einstündigen Führung etwa 650 Meter, erleben beeindruckende Hohlräume und eine ausgeprägte Unterwasserwelt. Bis Ende 2021 entsteht ein *Karsterlebniszentrum* mit neuen Ausstellungen.
OT Uftrungen, 📞 (034653) 305
www.hoehle-heimkehle.de

Wanderung Zum Josephskreuz

Natur

Teilweise sehr feuchte Waldwege, Wanderschuhe erforderlich

Vom großen Parkplatz am ehemaligen Bahnhof die Thyra queren und in den Weg TK 12 🟨 einbiegen – steiler Anstieg bis zur Holzchaussee, über diese gerade hinweg auf dem linken Waldweg hinab zur großen Lichtung – rechts 🟨 bis zur Landstraße und auf dieser ca. 900 m nach links (64 B), rechts ins Finstere Tal einbiegen (64 B 🔴) – am Waldrand an der Schutzhütte links über freies Feld 🔴 nach *Schwenda* (barocke Kuppelkirche), dann weiter durch den Ort zur Freilichtbühne am Ortsrand.
Zum Wald hinauf und gleich rechts hinab, an der nächsten Gabel links, einen kleinen Bach überqueren –

den Turmstieg sehr steil aufwärts, über die Holzchaussee hinweg, bis zur Josephshöhe (schöne Aussicht vom Josephskreuz). Hinab Richtung Sieben Wege ❌ und von dort auf der Alten Poststraße (49 F ❌) nach Stolberg zurück.

Tourdaten
Länge: 15,0 km
Schwierigkeitsgrad: mittel
Start: Parkplatz am ehemaligen Bahnhof in Stolberg

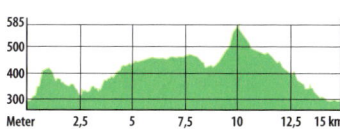

Burgruine Hohnstein

Neustadt

Als Novenstadt 1372 erstmals urkundlich erwähnt, war die Geschichte des Ortes stets eng mit der Burg Hohnstein und dessen Grafengeschlecht verbunden. Die romantische Anlage ist als gesicherte Ruine zu besichtigen.

⬦⬦⬦⬦⬦
Torhaus
Das Wahrzeichen Neustadts steht in der Stolberger Straße 10. Das Torhaus von 1450 aus Bruchsteinmauerwerk trägt seit dem 17. Jahrhundert seinen hübschen Fachwerkaufsatz. Durch die spitzbogige Durchfahrt gelangt man in den historischen Ortskern mit viel altem Fachwerk.

⬦⬦⬦⬦⬦
Historischer Ortskern
Das Zentrum ist geprägt von Fachwerkbauten aus dem 17. bis 19. Jahrhundert in nordthüringischer Bautradition. Besonders schöne Beispiele mit vorkragenden Obergeschossen, abwechslungsreicher

Tourist-Information
Stolberger Str. 3, ☎ (036331) 462 77
www.neustadt-harz.de

Farbgebung und profilierten Füllhölzern finden sich in der Bade- und der Burgstraße. Am Ratskeller steht eine hölzerne Rolandfigur von 1730.

⬦⬦⬦⬦⬦
Burgruinen
Geschichtlich hochinteressant und in einer Tageswanderung komplett erreichbar sind die Burgruinen *Hohnstein, Heinrichsburg und Ebersburg*. Während die ausgedehnte Anlage der Ruine Hohnstein heute noch in beeindruckender Weise Vorburg sowie Unter- und Oberburg mit ihren einstigen Gebäuden und Toren erkennen lässt, sind von der Heinrichsburg nur Wälle und Gräben erhalten. An der Ebersburg kann man den 19 Meter hohen Bergfried und Reste der Toranlage der Kernburg besichtigen.

Nordhausen

Am Hang mit Höhenunterschieden zwischen 180 und 250 Metern breitet sich die Stadt Nordhausen aus und wird daher als „Stadt der Treppen" bezeichnet. Sie ist das Thüringer Tor zum Harz und bietet neben Kunst und Kultur auch Sport und Abenteuer.

Die erste Erwähnung erfolgte im Zusammenhang mit den Schenkungen König Heinrichs I. an seine Frau Mathilde im Jahre 927. Das 961 von ihr gegründete Damenstift „Zum Heiligen Kreuz" erhielt von Otto II. das Markt-, Münz- und Zollrecht und bestimmte zweihundert Jahre lang die Geschicke des Ortes. 1220 wandelte Friedrich II. das Stift in ein freiweltliches Chorherrenstift um und brachte die Stadt in Reichsbesitz.

Zwischen 1290 und 1330 zog man die Mauern um die Stadt. Aber der Zustrom neuer Bürger war so groß, dass bald die Neustadt vor den Toren entstand. Die Stadt entwickelte sich schnell, verbündete sich 1306 mit Erfurt und Mühlhausen und war sogar 1430 bis 1432 Mitglied der Hanse.
Die mit ihrem „Echten Nordhäuser Doppelkorn" bekannte Branntweinbrennerei hat ihre Anfänge im beginnenden 16. Jahrhundert. Mitte des 19. Jahrhunderts entwickelte sich der Maschinen- und Schwermaschinenbau. Im Zweiten Weltkrieg wurde unweit der Stadt mit dem Konzentrationslager „Dora" eine Rüstungsproduktionsstätte geschaffen. Nordhausen bildete damit einen Schwerpunkt der Bombardements, die 74 Prozent der Stadt in Schutt und Asche legten.

◇◇◇◇◇

Dom „Zum Heiligen Kreuz"
Der Ursprungsbau des 961 gegründeten Damenstifts wurde 1180 zerstört. Anstelle der Ruine entstand noch in romanischer Zeit ein neuer würdiger Sakralbau. Von diesem bestehen heute die unteren Teile der Türme und die *dreischiffige Krypta*. Sie schließt mit einer halbkreisförmigen Apsis. Die Säulen in der Krypta verweisen auf Baumeister der Hirsauer Schule. An der Westwand der Krypta befindet sich die Grabplatte

Dom Zum Heiligen Kreuz

des 1327 verstorbenen Dechanten Friedrich von Biela. 1460 bis 1525 entstand die dreischiffige Hallenkirche hoch- und spätgotischen Stils unter Verwendung schlanker Pfeiler, die noch von 1350 stammen.

Zur Ausstattung des Doms gehören die Stifterfiguren (um 1280) am Chor, der Taufstein (12. Jh) und das Chorgestühl (2. Hälfte des 14. Jhs). Der kostbare Domschatz bewahrt u. a. das Nordhäuser Kreuzreliquiar und das Tafelbild „Mutter Gottes mit der Akelei".

www.heiligeskreuz-nordhausen.de

◇◇◇◇◇

Rathaus

Das erstmals 1360 erwähnte Rathaus wurde in den Jahren 1604 bis 1610 im Renaissancestil umgebaut. 1945 stark zerstört, errichtete man das Rathaus 1952 neu und bewahrte dabei die äußerlichen Ursprungsformen. An der westlichen Ecke der Südseite des Gebäudes steht auf einem Sockel das Rechtssymbol und zugleich ein Wahrzeichen der Stadt Nordhausen: *der Roland* (Kopie), überdacht von einem spätgotischen Baldachin aus Kupfer. Das Original befindet sich im Neuen Rathaus (Markt 1). Diese Figur aus Eichenholz stammt von 1717 und ersetzte ihren 1411 erstmals erwähnten Vorgänger, den die häufigen Brände arg in Mitleidenschaft gezogen hatten.

◇◇◇◇◇

St.-Blasii-Kirche

Die heutige dreischiffige Hallenkirche entstand 1487 bis 1490 in spätgotischem Stil. Sie ist die größte evangelische Kirche der Stadt. Ihre achteckigen Türme sind nicht

Roland am Rathaus

nur unterschiedlich hoch (ein Blitz schlug 1634 ein), der höhere Turm ist auch noch schief. Von der Innenausstattung seien die Kanzel (1492), der Taufstein (1591) und das Kruzifix (um 1500) erwähnt.

Das *Pfarrhaus* in der Barfüßerstraße 2 gehört zu den schönsten Gebäuden der Stadt. Das reich verzierte Fachwerkhaus entstand 1713.

☎ *(03631) 98 16 40*

◇◇◇◇◇

Ältestes Fachwerkhaus

In der Altendorfer Kirchgasse 3 steht das älteste Fachwerkhaus der Stadt. Es stammt aus der Zeit um 1370. Die Rückfront des Hauses offenbart noch das urwüchsige Balkenwerk des Ständerbaus aus Ständern, Streben, Riegeln und Knaggen.

◇◇◇◇◇

Turm von St. Petri

Lediglich der 62 Meter hohe Turm der 1220 erstmals erwähnten Kirche St. Petri existiert noch auf dem Petersberg, dem Gelände der Landesgartenschau 2004.

⬦⬦⬦⬦⬦

Frauenberger Kirche

Die ehemalige Kirche des Frauenberger Klosters liegt unterhalb des Petersberges. Von der kreuzförmigen, dreischiffigen Basilika der Romanik blieben nach der Zerstörung 1945 nur Chorraum und Querschiff erhalten. Das Kloster ging verloren.

⬦⬦⬦⬦⬦

Stadtbefestigung

Nordhausen bewahrt alte Stadtmauern von insgesamt etwa 1 600 Metern Länge, so beispielsweise am Petersberg, wo der 1480 als Bollwerk errichtete Judenturm steht. Zur Befestigung zählten damals u. a. vier Haupttore, 24 Schalentürme und die Mauern um Neustadt.

Kultur

Theater Nordhausen
Käthe-Kollwitz-Straße 15
☎ (03631) 62 60-0
www.theater-nordhausen.de

IFA Museum
Montaniastr. 13, ☎ (03631) 4791543
www.ifa-museum-nordhausen.de

Spaß

Filmpalast - 4 Kinos
Töpferstraße 1, ☎ (03631) 69 49 00
www.nordhausen.filmpalast.de

Badehaus Nordhausen GmbH
Modernes Freizeitbad
in einem Jugendstilbau (1907)
Grimmelallee 40, ☎ (03631) 47 99-0
www.badehaus-nordhausen.de

Tauchsportzentrum
5 Tauchplätze, Wracks und
Unterwasserstadt Nordhusia
Uthleber Weg 27, ☎ (03631) 471272
www.actionsport-nordhausen.de

Stadtinformation
Markt 1, 99734 Nordhausen
☎ (03631) 69 67 97
www.nordhausen.de

⬦⬦⬦⬦⬦

Flohburg – Museum

In dem gotischen Fachwerkhaus entführt das Museum über drei Etagen mit vielen Medien- und Hörstationen in die bewegte Stadtgeschichte. Neben archäologischen Funden, Mineralien, Schriften, Urkunden und Münzen können eine historische Bohlenstube und der original erhaltene Keller aus romanischer Zeit bestaunt werden.
Barfüßerstr. 6, ☎ (03631) 4 72 56 80

⬦⬦⬦⬦⬦

Kunsthaus Meyenburg

Die 1907 erbaute „Beckersche Villa" ist heute Sitz der Ilsetraut Glock-Grabe Stiftung und der städtischen Kunstsammlung sowie der Jugendkunstschule Nordhausen. Grafiken der Klassischen Moderne des 19. und 20. Jahrhunderts und historisches Mobiliar aus dem 14. bis 19. Jahrhundert bieten ein besonderes Kunsterlebnis. Vom Turm der Villa hat man einen *wunderbaren Blick* auf die Stadt und die Gebirge der Umgebung. ☎ *(0 36 31) 88 10 91*
Alexander-Puschkin-Straße 31
www.kunsthaus-meyenburg.de

⬦⬦⬦⬦⬦

Traditionsbrennerei

1857 hatte Joseph Seidel die Brennerei gegründet, die sein Sohn 1908 am heutigen Standort neu errichtete. Sie ist das Symbol des Nordhäuser Branntweingewerbes, das die Echter Nordhäuser Traditionsbrennerei bis heute bewahrt. Führungen (Mo bis Sa 14 Uhr) durch Brennerei, Fasskeller und Museumsräume vermitteln Geschichte und Technologie des Kornbrennens (mit Verkostung). *Grimmelallee 11, ☎ (03631) 63 63 63 www.traditionsbrennerei.de*

◇◇◇◇◇

Museum Tabakspeicher

Über einhundert Jahre wurde das Gebäude aus dem 18. Jahrhundert als Lager für Tabak genutzt. Heute erfahren Besucher sehr viel zu Industrie, Gewerbe und Archäologie. Die Exponate informieren nicht nur über traditionelle Kornbrennerei, Kautabakherstellung und Maschinenbau, sondern auch über das Handwerk wie Kürschnerei und Schneiderei. Zum Anfassen und Ausprobieren gibt es Fernmeldetechnik aus verschiedenen Jahrzehnten, ein Kino mit alten Vorführgeräten oder historische Geräte zum Wäschewaschen. *Bäckerstraße 20, ☎ (03631) 98 27 37*

◇◇◇◇◇

Gedenkstätte Mittelbau-Dora

Die Gedenkstätte befindet sich auf dem Gelände des 1943 als Außenstelle von Buchenwald eröffneten Konzentrationslagers Dora. Hierher wurde die Raketenproduktion von Peenemünde verlegt.

Der Ort ist heute zeitgeschichtliches Museum und historischer Tatort zugleich. Auf einem Rundweg gelangt man zu Gebäuderesten und erfährt auf Hinweistafeln deren frühere Bedeutung. Teile der Stollenanlage sind bei einer Führung zu besichtigen. Die Ausstellung im Museumsneubau veranschaulicht die Beziehung zwischen dem Lager und seinem gesellschaftlichen Umfeld. *Kohnsteinweg 20, www.dora.de ☎ (03631) 49 58 20*

Wanderung Zum Rabensteiner Stollen

Natur

Teils schmale Waldwege, Wanderschuhe erforderlich, beschildert, Südharzer Dampflokstieg, Rückfahrt mit der Schmalspurbahn

Vom großen Parkplatz in Sophienhof am Teich entlang, dann in den Wald – erst auf schmalem Wander-, später breitem Fahrweg (Dampflokstieg ⬛ 🔎 S. 96) hinab ins Tal – über die Landstraße und dann die Bere queren, nach rechts den Schienen folgen bis zum *Rabensteiner Stollen* (www.rabensteiner-stollen.de, ☎ 036331-48153), Fahrt mit der Grubenbahn (ca. 500 m) oder mit der Fahrraddraisine (!).
Zurück nach Sophienhof mit der Harzquerbahn – vom dortigen Haltepunkt auf dem steilen, breiten Waldweg ⬛ in den Ort, vorbei an der *Erlebnisbrauerei* – nach rechts zum Parkplatz zurück. **Tipp:** Ziegenalm in Sophienhof! *www.schmidt-buch-verlag.de/sophienhof*

Tourdaten
Länge: 5,2 km
Schwierigkeitsgrad: leicht
Start: Parkplatz in Sophienhof

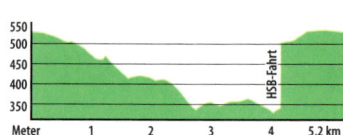

Kloster Walkenried

Als drittes deutsches Zisterzienserkloster errichtet, ist es das älteste von Niedersachsen. Der Einzug des Konvents ins Kloster erfolgte 1129, formal existierte er bis 1648. Anfang des 13. Jahrhunderts entstand die gotische Klosteranlage. Ihre dreischiffige, kreuzförmige Basilika war 92 Meter lang und 43 Meter breit und schloss im Osten mit einem fünfseitigen Chor.
Von der einst das Kloster Walkenried umgebenden Ringmauer bestehen noch zusammenhängende Reste und das im Norden gelegene spätromanische Haupttor. Der Klosterbezirk teilt sich in zwei größere Be-

ZisterzienserMuseum
Steinweg 4 a, 37445 Walkenried
☎ (05525) 95 99 06 4
www.kloster-walkenried.de

**Tourist-Information und
UNESCO Welterbe-Infozentrum**
Steinweg 4, ☎ (05525) 99 89 00 0
www.walkenried.de

reiche: im Ostteil der geschlossene innere Klosterbezirk mit der Ruine der Klosterkirche, dem Kreuzgang und den Klausurgebäuden, im Süden das frühere herzogliche Jagdschloss (1725-1727) und der ehemalige Domänenhof mit seinen Wirtschaftsgebäuden sowie dem im 19. Jahrhundert entstandenen Pächterwohnhaus.

Kreuzgang im Kloster Walkenried

Im *ZisterzienserMuseum* Kloster Walkenried, einem der größten und innovativsten Klostermuseen Europas, gehen die Besucher auf eine sinnliche Entdeckungsreise, begegnen Persönlichkeiten und sehen an Klostermodellen die bauliche Entwicklung. Nicht nur der doppelte Kreuzgang, der zu den schönsten in Norddeutschland zählt, fasziniert durch seine Authentizität, auch das Brunnenhaus, in dem sich die Mönche vor dem Essen wuschen, und der Kapitelsaal, ihrem Versammlungsraum. Er diente nach der Zerstörung der Klosterkirche als kirchliche Stätte. Ebenso gewähren der Brüdersaal (Arbeits- und Studienraum), das sich über den Ostflügel erstreckende Dormitorium (Schlafraum) und das Abteigebäude Einblick in das mittelalterliche Klosterleben, unterstützt von akustischen und visuellen Inszenierungen.

Die Ausstellung macht nicht nur mit den Zisterziensern als gläubige Ordensleute, sondern gleichsam als geschäftstüchtige Unternehmer bekannt. Auch dank der wassertechnisch versierten Mönche schaffte es die Oberharzer Wasserwirtschaft, und damit auch das Kloster, 2010 auf die *UNESCO-Welterbeliste*. Zehn Jahre später öffnete im Kloster das *UNESCO Welterbe-Infozentrum* mit einer thematischen Ausstellung.

Bad Sachsa

Der Ort unterhalb der 1074 vernichteten Sachsenburg (Reste erhalten) zählt zu den ältesten Siedlungen im Harz, seine Geschichte geht bis in die Zeit um 860 zurück. 1874 setzte

Kultur

NatUrzeitmuseum
Am Kurpark 6, 37441 Bad Sachsa
Meereswelten, Feuerwelten, Geowelten und Wüstenwelten
www.naturzeitmuseum.de

Wintersport- und Heimatmuseum
Hindenburgstraße 6
☎ 05523) 99 94 36
www.heimatmuseum-bad-sachsa.de

Spaß

Salztal Paradies
Eislaufhalle und Badehalle
Talstraße 28, ☎ (05523) 950 902
www.salztal-paradies.de

Clip'n Climb Kletterarena
Schulweg 2-4, ☎ (05523) 30 00 0
www.ravensbergbasecamp.de

*ein reger Kurbetrieb ein und machte Sachsa überregional bekannt. An den Ausläufern des Ravensberges gelegen, herrscht hier ein mildes Reizklima. Im Winter kommen Sportbegeisterte im **Skizentrum Ravensberg** (www.bad-sachsa.de) auf ihre Kosten.*

St.-Nikolai-Kirche
Ein früherer Wachturm und eine Kapelle wurden um 1300 zu dieser Kirche vereint, ergänzt 1691 um eine Fachwerkhalle. Doppelstöckige Emporen mit ornamentalen Brüstungen gestalten das Innere des Schiffs. Dessen Deckenmalerei stammt von 1725, die Ausstattung größtenteils aus dem Barock.

Sachsensteinklippen südlich von Bad Sachsa

Grenzlandmuseum

Die Geschichte des Eisernen Vorhangs in dieser Region veranschaulichen u. a. Originalexponate zur Verminung des Todesstreifens und zur Ausrüstung des Grenzzaunes mit Selbstschussanlagen. Zu sehen sind Dokumente von Grenzdurchbrüchen im Südharz und der Heißluftballon eines Fluchtversuches 1989.

grenzlandmuseum-badsachsa.de
Am Kurpark 6, 📞 *0177 - 5 31 92 31*

Glasmuseum in Steina

Die Ausstellung „Die gläserne Spur" erzählt die Geschichte der Waldglashütten im südwestlichen Harz, vor allem in der Blütezeit des 16. /17. Jh.
Am Kirchplatz 2, 📞 *(05523) 303362*
www.glasmuseum-steina.de

Bad Lauterberg

Der sich am Südharzrand entlang der Oder erstreckende Kurort eignet sich bestens als Ausgangspunkt für Wanderungen und MTB-Touren in die Berge. Mit einem Sessellift gelangt man auch schnell auf den Hausberg.

Mitte des 20. Jahrhunderts mit dem Titel „Kneipp-Heilbad" ausgezeichnet, entwickelte sich Bad Lauterberg zu einem anerkannten Schrothkurort. Für das Jahr 1460 ist erstmals vom Dorf Lutterberge und 60 Jahre später vom Ort „Lauterbergk" die Rede. Ab 1521 erhielten die Grafen von Hohnstein Bergfreiheiten. Der Bergbau war auf Kupfer ausgerichtet; 1705 baute man die Kupferhütte, 1733 die Königshütte.

Kur- und Touristikbetrieb
Ritscherstr. 4, 37431 Bad Lauterberg
📞 (05524) 8 53 - 190
www.badlauterberg.de

Industriedenkmal Königshütte

1733 begannen die Arbeiten zum Bau der Königshütte an der Stelle der 1623/24 stillgelegten Süssenhütte. Die Königshütte fabrizierte Bleche (mit Blechhammer), Draht (vom Drahtseil für den Bergbau bis zur Klaviersaite) sowie Werkzeugstahl und war Zulieferer für die Herstellung von Gewehren. Um 1830 erfolgte ein Neubau der Hütte mit gotischen, antiken und klassizistischen Stilelementen. Im Zentrum des Hofes steht ein prächtiger Doppelschalenbrunnen, eine Kunstgussarbeit der Hütte.

Seit 1997 gibt das „Südharzer Eisenhüttenmuseum" im ehemaligen Probierhaus Einblick in frühere Produktionen. ☏ *(05524) 31 09*
www.koenigshuette.com

◇◇◇◇◇

Besucherbergwerk Scholmzeche-Aufrichtigkeit

Die beiden Stollen haben zusammen eine Länge von 280 Metern. Nur mit Schlägel und Eisen – also mühevoll in schwerer Handarbeit – entstanden die Grubenräume. Bei Führungen in die Welt unter Tage sind allerlei Bergmannswerkzeug, alte Förderkübel und Grubenwagen zu sehen.

Ritscherstraße 4, ☏ (05524) 92 04 0

◇◇◇◇◇

Wiesenbeker Teich

Der Stausee wurde um 1735 für die Versorgung der Kupfergrube „Aufrichtigkeit" in Lauterberg angelegt, um mit dem Wasser die Kunsträder anzutreiben. Als der Kupferabbau eingestellt wurde, diente der Teich als Wasserreservoir der dortigen Königshütte. Heute ist der Wiesenbeker Teich ein beliebtes Erholungsgebiet mit Sandstrand und Gaststätte. Er gehört zum *UNESCO-Welterbe* Oberharzer Wasserwirtschaft (🔎 S. 84).

Spaß

Kirchberg-Therme
Kirchberg 7-11, ☏ 05524) 859 140
www.gollee.de

Freizeit- und Erlebnisbad Vitamar
Masttal 1, 37431 Bad Lauterberg
☏ 05524) 853-300
www.vitamar.de

Am Wiesenbeker Teich

Welfenschloss

Herzberg

Mitten in der Stadt breitet sich der fast sieben Hektar große Juessee aus, der zum Schwimmen, Tauchen und Angeln einlädt. Die Geschichte Herzbergs ist vor allem die Geschichte des Schlosses. 1157 erwarb Heinrich der Löwe die Burg von Barbarossa im Tausch gegen schwäbische Güter.

In Welfen-Besitz blieb das Schloss bis 1866. Es war bevorzugter Wohnsitz und ab 1486 sogar ständige Residenz. Ein Brand 1510 vernichtete das Anwesen; es wurde neu aufgebaut. 1714 verlor es seine Eigenschaft als herzogliche Residenz, wurde jedoch noch bis 1788 als fürstliche Einrichtung genutzt. Im 19. Jahrhundert zogen Behörden im Schloss ein. So wurden z. B. im Stammhausflügel das Katasteramt und im Sieberflügel das Amtsgericht untergebracht.
Zur Stadt Herzberg gehören heute Pöhlde, Scharzfeld, Sieber und Lonau.

⬦⬦⬦⬦⬦
Welfenschloss (Museum)
Die ausgedehnte Vierflügelanlage entstand nach 1510 im Stil der Spätgotik und der Renaissance. Im Winkel zwischen dem Grauen Flügel (südöstlich) und dem Sieberflügel (nordöstlich) steht der viergeschossige Uhrenturm mit lebensgroßen Holzfiguren. Die senkrecht-doppelte Uhr am obersten Geschoss hat arabische und römische Ziffern. Im Stammhausflügel (südwestlich) informiert ein modernes Museum über die Schloss- und Herrschaftsgeschichte. Kostbarstes Ausstellungsstück ist hierbei ein Faksimile des Evangeliars Heinrichs des Löwen. Weitere Dauerausstellungen widmen sich der Forstwirtschaft und dem Bergbau sowie der Gewehrmanufaktur, dem Orgelbau und dem Scharzfelder Münzschatz. Der Rittersaal dient als Konzert- und Vortragsraum.
Schloss 2, 📞 *(05521) 47 99*
www.herzberg.de

◇◇◇◇◇

Steinkirche

Am Steinberg oberhalb des Ortsteils Scharzfeld liegt eine eiszeitliche Höhle, die sogenannte Steinkirche (frei zugänglich). Altsteinzeitliche Funde (15 000 bis 8 000 v. Chr.), wie Feuersteinmesser und Tierknochen, verweisen darauf, dass Rentierjäger hier ihren Rastplatz hatten. Ab dem 9. Jahrhundert diente die etwa 30 Meter lange und acht Meter hohe Höhle als Kirchenraum.

◇◇◇◇◇

Ruine Scharzfels

In der Nähe von Scharzfeld liegt auf bzw. in einem 396 m ü. NN hohen Dolomitfelsen die Burgruine Scharzfels (frei zugänglich). Vermutlich dienten die natürlichen Hohlräume bereits in ur- oder frühgeschichtlicher Zeit als Zufluchtsstätte. Zur Burg ausgebaut wurden sie im 10. Jahrhundert. 1761 belagerten, eroberten und zerstörten die Franzosen die Burg.
VR-3D-Angebot unter:
www.scharzfels.info/mobile/

◇◇◇◇◇

Einhornhöhle

Die Höhle, nahe der Ruine Scharzfels, entstand durch Dolomit-Verwitterung. Man fand viele Knochen und

Burgruine Scharzfels

Zähne von Höhlenbären und -löwen sowie von Wölfen aus der letzten Eiszeit. Dass man einst diese Funde für Reste des sagenumwobenen Einhorns hielt, erklärt den Namen der Höhle, die in den Sommermonaten besichtigt werden kann.

Haus Einhorn, ☎ (05521) 99 75 59
www.einhornhoehle.de

◇◇◇◇◇

Königspfalz Pöhlde

Die heutige Kirche in Pöhlde von 1668 erhebt sich über den Grundmauern des Klosters der einst bedeutenden Pfalz Pöhlde, auf der sich Heinrich II. gern aufhielt. Bei Ausgrabungen wurden u. a. Fundamente des Kreuzganges freigelegt.

◇◇◇◇◇

Rhumequelle

Südlich von Pöhlde befindet sich eine der drei größten Quellen Europas. Sie ist zehn Meter tief. Ihr Quelltopf umfasst eine Oberfläche von rund 500 Quadratmetern. Pro Sekunde treten etwa fünf Kubikmeter Wasser zutage. Das Wasser hat eine gleichbleibende Temperatur von acht bis neun Grad Celsius, weshalb die Quelle auch im Winter nicht zufriert.

Spaß

Central-Lichtspiele
3 gemütliche Kinosäle
Hauptstraße 42a, ☎ (05521) 10 12
herzberg.kinowelt-online.de

Osterode

Die Fachwerkstadt mit ihren eingemeindeten Erholungsorten Riefensbeek-Kamschlacken und Lerbach liegt zwischen Sösestausee, Karstgebirge und Lerbachtal. Naturliebhaber und Wanderfreunde finden in der Umgebung unter anderem den Harzer Hexen-Stieg (Start), den Karstwanderweg, den Harzer Försterstieg und den Harzer Baudensteig.

Eine Erfurter Chronik von 1152 nennt erstmals den Ort Osterode, der bereits 1293 das Goslarer Stadtrecht erhielt. Als sich die Welfenherrschaft teilte, fiel Osterode an das Haus Grubenhagen und wuchs bis 1596 zu einem bedeutenden Handelszentrum. Ab 1665 gehörte Osterode zum Kurfürstentum des Hauses Lüneburg.
In der zweiten Hälfte des 18. Jahrhunderts etablierten sich neben den traditionellen Betrieben der Leineweber, Gerber, Schuhmacher und Schneider die Tuchmanufakturen. Metallverarbeitende Industrie und die Wollwarenindustrie entwickelten sich.

◇◇◇◇◇

Historisches Rathaus

Es entstand 1552 anstelle des alten, während des verheerenden Stadtbrandes 1545 vernichteten Hauses. Über zwei Geschosse aus Stein erhebt sich ein breites Satteldach. Ein fünfseitiger Erker teilt den Giebel, der aus Fachwerk besteht, was aber seit dem 18. Jahrhundert hinter Schiefer verborgen bleibt.

◇◇◇◇◇

Ratswaage

Sie wurde 1550 mit hochgezogenem Giebel und Sonnenrosenschmuck gebaut und diente als Hochzeitshaus und Posthalterei sowie Kulturstätte. Ein Brand zerstörte 1969 das Bauwerk in der Waagestraße 8, von dem die Fassade mit leicht verändertem Giebel nachgebaut wurde.

⬦⬦⬦⬦

Marktkirche St. Aegidien

Zwischen Rathaus und Kornmarkt erhebt sich die aus dem Mittelalter stammende Marktkirche mit ihrem breiten Westturm. 1545 zum größten Teil niedergebrannt, waren 1551 das Kirchenschiff und 1578/79 auch der Westturm wiederhergestellt. Zur Ausstattung des Emporensaals gehören die holzgeschnitzte Taufe (1589) und das frühbarocke Altarretabel (1660).
www.aegidien-marktkirche.de

⬦⬦⬦⬦

Marienkirche

In der sogenannten Marienvorstadt steht die erstmals 1233 urkundlich erwähnte Marienkirche. Diverse Erneuerungsarbeiten ließen der von einer Mauer umgebenen Dorfkirche ihren Charakter. Sie besitzt einen von Berthold Kastrop 1513 geschaffenen Schnitzaltar.

⬦⬦⬦⬦

Schlosskirche St. Jacobi

Sie diente dem hier im 13. Jahrhundert gegründeten Zisterzienserkloster. Nach der Reformation bau-

Rathaus mit schieferverkleidetem Giebel

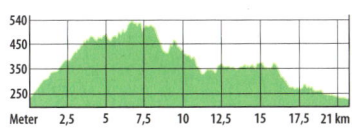

Blick vom Harzer Hexen-Stieg auf Osterode

te man 1561 die Klosteranlagen zum Schloss um. Dessen Südflügel (Amtsgericht) und Schlosskirche sind bis heute erhalten geblieben. Umbauarbeiten 1751/52 gaben der Kirche die jetzige Gestalt. Eine Mosesfigur (um 1600), ein Taufstein (12. Jahrhundert) sowie der im 17. Jahrhundert unter Verwendung älterer Flügel errichtete Altar haben besonderen kunsthistorischen Wert. *Schlossplatz 3,* 📞 *(05522) 92 09 06*

◇◇◇◇◇

„Alte" Burg

Nordöstlich der Altstadt erhebt sich auf einem Bergsporn die Ruine des Bergfrieds der 1153 erstmals genannten Reichsburg. Die östliche Hälfte des Bergfrieds hat noch eine Höhe von 34,5 Metern.

MTB-Tour Um den Sösestausee

`Natur`

Meist komfortable Wald- und Forstwege, Schilder der MTB-Arena Harz, anfangs Harzer Hexen-Stieg (🔎 S. 96)

Vom Großparkplatz Scheerenberger Straße nach Norden auf den Hundschen Weg (OS 3, 🌀) – am Eselsplatz Hexen-Stieg und OS 3 geradeaus verlassen und den OS 1 in Gegenrichtung fahren – ab Mangelhalber Tor wieder OS 3, am Vorbecken 350 m auf der B 498 fahren, dann links den Forstweg am Südufer des Stausees entlang, immer OS 3 folgend, nach Osterode zurück.

Tourdaten
Länge: 21,0 km
Schwierigkeitsgrad: mittel
Start: Parkplatz Scheerenberger in Straße Osterode

Tour „Durch den Westharz"

Hohe Berge, tiefe Täler und überall Zeugen einer großen bergbaulichen Geschichte: Gruben, Gräben, Stauseen. All das und eine Natur,
die sich über weite Flächen hinweg grundlegend (klima)wandelt, hält
diese Tour bereit.

Überall Bergbau! Von Goslar bis Clausthal

0 km Ausgangspunkt ist **Goslar** (🔎 S. 8), wo man auf dem Osterfeld entspannt
parken kann (auch Wohnmobilstellplatz). In wenigen Gehminuten gelangt
man in die **Altstadt** (UNESCO-Welterbe) und schlendert an unzähligen
schieferbesetzten Fachwerkhäusern entlang zum Markt und zum Pfalzbezirk. Unbedingt einzuplanen ist ein Besuch des Besucherbergwerks **Rammelsberg** (UNESCO-Welterbe), das etwa zwei Kilometer südlich der Altstadt in einer Sackstraße (Parkplatz am Ende) zu finden ist.

Auf der B 241 führt die Tour nun direkt steil in die Berge – zwei Haarnadel-
kurven inklusive. Am ehemaligen Gasthaus Auerhahn kann man gut par-
11 km ken, um auf dem **Liebesbankweg** (🔎 S. 17) nach **Hahnenklee** (🔎 S. 16)
zu wandern. Dank dieses Rundweges um den Bocksberg trifft man etwa
2-3 Stunden später hier wieder ein. Bis dahin kommt man an zahlreichen
bergbaulichen Stauteichen in schöner Natur, der einzigen Stabkirche im
Harz und vor allem an 25 künstlerisch gestalteten Holzbänken vorüber,
die Aussagen zum Thema Liebe und Zweisamkeit treffen.

Kurz hinter dem Auerhahn verlässt die Route die Bundesstraße und biegt
20 km rechts ein, um kurvenreich nach **Lautenthal** zu führen. Vom großen Park-

Lautenthal

Stadtführer für Entdecker

MADE VOR ORT

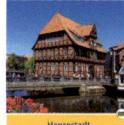

Lüneburg
Die alte Salzstadt

Auf Salz gründet sich die Entwicklung zur einst mächtigen Hansestadt. Imposant künden davon Kran, Mühlen und Kaufhaus im Wasserviertel sowie Backsteinbauten mit prächtigen Giebeln.

Magdeburg
Die 1 200-jährige Domstadt

Vom zweitgrößten Dom Deutschlands über Kloster, Kirchen und Festungsanlagen spannt sich der geschichtliche Bogen hin zu Gründerzeit-Bauten und historischen Parks.

Quedlinburg
Die alte Fachwerkstadt und Welterbe im Harz

In den verwinkelten Gassen unterhalb von Schloss und Stiftskirche überrascht die architektonische Vielfalt der über 2.000 Fachwerkhäuser aus sechs Jahrhunderten.

Weimar
Die Klassik- und Bauhausstadt

Die Welterbe-Stadt ist die Wiege der Bauhaus-Bewegung und das Zentrum der Klassik. Stätten dieser Epochen mit Spuren ihrer Akteure von Goethe bis Gropius warten hier auf ihre Entdeckung.

Wernigerode
Die bunte Fachwerkstadt am Harz

Märchenhaft schön: Die historische Kleinstadt verzaubert mit entzückendem Rathaus, verwinkelten Fachwerkgässchen, schnaufenden Dampfzügen und einem fürstlichen Schloss.

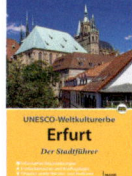

Erfurt
Die Dom-, Sport-, Bach-, Uni- und „mehr"-stadt

In der thüringischen Metropole gilt es, den großen Bestand an Historischem und Modernem zu entdecken, der die Welterbe-Stadt unverhofft provinziell-liebenswert erscheinen lässt.

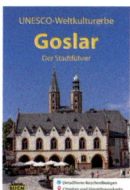

Goslar
Die alte Stadt der Kaiser, Bürger und Bergleute

Eine prächtige Kaiserpfalz, romanische Kirchen, schieferverkleidete Fachwerkhäuser und Zeugen des über 1000-jährigen Bergbaus beeindrucken in der Harzer Welterbe-Stadt.

Alle Stadtführer im Überblick

Stadtführer für Entdecker

MADE VOR ORT

Entdecker-Touren

Die praktischen Reiseführer mit viel Hintergrundwissen.
Erkunden Sie die Städte in Mitteldeutschland auf abwechslungsreichen Touren. Nutzen Sie dafür unsere mit viel Enthusiasmus entwickelten Bücher.

www.schmidt-buch-verlag.de/entdecker-touren

Höhepunkte

Detaillierte Beschreibungen

Hintergrundinfos

Tipps

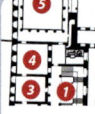

Verständliche Infografiken

Hochwertige Fotos

Nachhaltig produziert

Cityplan mit Straßenregister

Karten für das Smartphone

Wander- und Radkarte

platz an der Touristinformation (auch Wohnmobilstellplatz) bietet es sich an, auf steilem **Pfad zum Maaßener Gaipel** hinauf zu kraxeln. Mit einer wunderschönen Aussicht zur Kirche wird man bereits unterwegs belohnt, bevor der italienische Wirt am Ziel das Seinige zum Lohn beiträgt. Die Tour setzt sich entlang der Innerste nach Süden fort. Der Bergort **Wildemann** (🔎 S. 81) lädt zum Besuch des **19-Lachter-Stollens** ein. Er gehört zum UNESCO-Welterbe Oberharzer Wasserwirtschaft (🔎 S. 84), ebenso wie der Lautenthaler Kunstgraben, der hier beginnt und von einem sogenannten **WasserWanderWeg** begleitet wird. Wer inzwischen vom Bergbau-Fieber befallen sein sollte, kann sich anschließend in **Clausthal-Zellerfeld** (🔎 S. 79) mit Hilfe der frei zugänglichen Ausstellung im **Schacht Kaiser Wilhelm II**. (Erzstraße 24) umfassend über das Welterbe informieren. Spätestens danach wird es Zeit für einen Besuch im **Oberharzer Bergwerksmuseum** (Bornhardtstraße 16) mit seiner wirklich einzigartigen Ausstellung.

27 — km

35 — km

Typisch Harz – Bäcker, Fleischer, „Wilder Stinker"

Über **Buntenbock** und **Lerbach** mit zahlreichen **Wanderzielen** (Kuckholzklippe, Marienblick, Eselsplatz) erreicht man auf der B 241 die Stadt **Osterode** (🔎 S. 113). Um das historische Rathaus und die gleichermaßen kunstgeschichtlich bedeutsamen, wie optisch auffälligen Fachwerkhäuser in der Altstadt zu bewundern, fährt man am besten auf den Parkplatz hinter der Schildwache, wo sich auch die Touristinformation befindet. Im Marktbereich sind gleich zwei Typisch-Harz-Produzenten (🔎 S. 6) angesiedelt, die sich vom Gewerk prima ergänzen: Bäckerei Dornemann sowie Fleischerei Eggers. Und um es abzurunden, empfiehlt sich eine Station weiter in **Herzberg** (🔎 S. 111) nach der Besichtigung des **Welfenschlosses** noch die Einkehr im Landhaus Schulze. In diesem traditionsreichen Familienbetrieb wird der ebenfalls „Typisch Harz"-zertifizierte „Wilde Stinker" aufgetischt, eine fein abgestimmte Kreation aus Wildschweinbratwurst und in Weißwein mariniertem Harzer Käse!

39 — km

49 — km

61 — km

Einhornhöhle und ein „Harter Brocken"

Die zweispurige B 243/27 führt weiter nach Osten. Diese sollte man gleich an der nächsten Abfahrt für einen Abstecher zur **Einhornhöhle** (🔎 S. 112) verlassen und der Straße Im Rott bis zum kleinen Parkplatz folgen. Nächstes Etappenziel ist **Bad Lauterberg** (🔎 S. 109), das sich jüngst immer erfolgreicher als lebendige Einkaufsstadt empfiehlt. Und in der Shopping-Pause verblüfft das Typisch-Harz-Café Mangold (Hauptstraße 142) mit eigenen Schokoladenkreationen. Auf dem Kirchplatz kann man bequem parken, um schnell zur Talstation des Sessellifts zu gelangen, der im Nu die

72 — km

Kräuterpark Altenau

110 Höhenmeter zur **Panorama-Gaststätte** auf dem Hausberg bezwingt. Die B 27 führt aus dem Ort hinaus, wo die Tour bald links sanft und ohne scharfe Kurven durch das Tal der Sperrlutter nach **St. Andreasberg** (🔍 S. 74) geleitet. Gleich am Ortseingang lädt der Matthias-Schmidt-Berg zu **MTB-Downhill** oder zur Fahrt auf der **Sommerrodelbahn** ein. Der Ortskern bietet regelmäßig die Kulissen für die Fernsehkrimis der Reihe „Harter Brocken" und ist mit seinen steilen Straßen und den kleinen, faktisch am Hang klebenden Häusern auf jeden Fall einen Spaziergang wert.

— 85 km

Wellness, Wasser, Windbeutel

Weiter geht es nach Norden. In der Siedlung Sonnenberg biegt man nach links ab auf die B 242, folgt dieser gut sieben Kilometer und nimmt dann die B 498 nach **Altenau** (🔍 S. 78), wo man noch auf der Hochfläche zuerst nach links in den Glockenbergweg einbiegen und dann dem Karl-Reinecke-Weg bis zum Parkplatz an der **Therme „Heißer Brocken"** folgen sollte. Wer nicht Sauna- und Wellnesslandschaft besuchen möchte, findet von hier schnell zum **Discgolf-Parcour** und kann direkt am Wald im Wohnmobil übernachten. In den Ortskern führen über die Breslauer Straße an der kleinen Kreuzkirche vorbei schöne Fußwege und Treppen hinab. Anschließend begleitet mehrere Kilometer der östliche Arm des Okerstausees die B 498. Auf der Tour passiert man das **Gasthaus Gemkental** (schöner Seeblick und Riesen-Windbeutel!). Spätestens am Parkplatz **Romkerhaller Wasserfall** ist der nächste Stopp einzuplanen. Dieser gilt mit etwa 64 Metern Höhe als größter Wassersturz im Harz, wurde allerdings künstlich mit Hilfe eines 350 Meter langen kleinen Grabens angelegt. Von hier ließe sich eine romantische **Wanderung ins felsige Okertal** unternehmen, mindestens bis zur Verlobungsinsel (rotes Dreieck, 6 F, ca. 1 Stunde). Kurvenreich führt die B 498 über den Ortsteil Oker zurück nach **Goslar**.

— 103 km

— 112 km

— 124 km

Tour „Rund um den Hochharz"

Große Abwechslung und viele spannende Erlebnisse verspricht diese Tour, die rund um das Herz des Mittelgebirges und durch drei Bundesländer führt. Man kommt an alten Klöstern und Schlössern vorüber, fährt hinauf zur Torfhaus-Siedlung mit phantastischem Brockenblick und durch die verträumte Fachwerkstadt Stolberg.

Von romanischen Klöstern in die wilde Natur

Ausgangspunkt ist **Wernigerode** (🔍 S. 24), das zu Schlossbesuch und Altstadtbummel einlädt. Wohnmobilisten finden Am Katzenteich einen ruhigen Stellplatz. Im **Miniaturenpark Kleiner Harz** (🔍 S. 26) kann man sich phantastisch an Hand detailgetreuer Modelle auf die Tour einstimmen. Diese führt über Land in westlicher Richtung zu den romanischen Klosteranlagen in **Drübeck** (🔍 S. 23) und in **Ilsenburg** (🔍 S. 20), wo man vortrefflich auf den Spuren bedeutender Kulturgeschichte wandeln kann. Ein Päuschen im stilvollen Café mit romantischem Garten im Drübecker Kloster sollte man sich unbedingt gönnen. Über **Stapelburg** (🔍 S. 21 Grenzdenkmal) erreicht man schließlich **Bad Harzburg** (🔍 S. 21). Wer Waldameisen beim Krabbeln zuschauen, über Baumkronen hinweg schweben oder durch Baumwipfel hindurch wandeln möchte, sollte auf dem Großparkplatz (Wohnmobilstellplatz gleich daneben) an der Nordhäuser Straße ein Ticket mindestens für einen halben Tag lösen.
„Auf die Katze" kommen Naturliebhaber am großen **Luchsgehege** (erreichbar zu Fuß oder mit dem Linienbus) und im **Wildkatzengehege** an

0 km

7 km

23 km

Miniaturenpark Wernigerode

Harzer Hexen-Stieg bei Torfhaus

der Marienteichbaude (regionale Gerichte) auf der Weiterfahrt direkt an
34 der B 4. **Torfhaus** (🔎 S. 76) bietet mit seinem Großparkplatz nicht gerade
km Ruhe und Einsamkeit, dafür aber einen phantastischen Blick zum Brocken,
bayerische Gastronomie und eine große **Nationalpark-Information** mit
lohnenswerter Ausstellung. Wer eine **Spazierrunde** durch einzigartige
Natur unternehmen möchte, kann ein Stück auf dem Harzer Hexen-Stieg
bis zum Großen Torfhausmoor wandern. Ein Knüppeldamm (Moorstieg)
ermöglicht eine kleine Runde direkt durch Wollgras und Sonnentau.
Weiter auf der B 4 fährt man durch großflächig geschädigte Fichtenbestände, die der Trockenheit und dem Borkenkäfer zum Opfer gefallen
sind, bevor man über Königskrug (leckere Windbeutel!) das Hochharz-
46 Zentrum **Braunlage** (🔎 S. 72) erreicht. Vom ausgeschilderten Großpark-
km platz aus kann man einen Abstecher mit der Seilbahn auf den **Wurmberg**
unternehmen, mit Hüttengastronomie und neuem **Aussichtsturm**. Wer
für seine Mittagspause wirklich etwas Harztypisches sucht, sollte an der
Mittelstation die Seilbahnkabine verlassen und in der **Gastwirtschaft
Rodelhaus** einkehren. Hier werden nur Zutaten und auch Getränke von
Kleinerzeugern der Umgebung verkocht beziehungsweise ausgeschänkt.
Das Qualitätssiegel „Typisch Harz" (🔎 S. 6) bürgt dafür.

Harzer Honig und hölzerner Roland

Weiter nach Süden genießt man eine kurvenreiche Waldquerung durch das
61 Steigertal, bis man schließlich im lang gestreckten Gebirgsort **Wieda** ein-
km trifft. Hier lohnt ein Halt an der Kirche, um sich gegenüber auf dem steilen
500m langen **Bienenpfad** anschaulich über die fleißigen Honigsammler
zu informieren. In der Waldstraße 18 kann man mit etwas Glück bei Imker
Henning Illers auch Harzer Honig kaufen. Entlang des Flüsschens Wieda
68 verlässt man schließlich das Gebirge und legt den nächsten Stopp in **Wal-**
km **kenried** am alten **Zisterzienserkloster** (🔎 S. 107) ein. Das modern gestaltete Museum lohnt einen Besuch, das Klostercafé mit Garten ebenfalls.

Am Thüringischen Südharzrand setzt sich die Tour über **Ellrich** (hübscher Altstadtkern mit restauriertem Ravensturm) und **Niedersachswerfen** (Bahnhof der **Harzquerbahn** $\mathcal{P}$ S. 31) bis **Neustadt** ($\mathcal{P}$ S. 102) fort, wo wieder ein Halt empfohlen sei, am besten gleich rechts auf dem großen Parkplatz vor dem alten Stadttor. Dieses durchschritten, grüßt bald rechter Hand der farbenfrohe hölzerne **Roland**. Von hier schlendert man durch die von Fachwerk geprägte Burgstraße 500 Meter bis zum 2020 eröffneten **Infozentrum „Naturpark Südharz"** (sehenswert!). Eine kleine Wanderung durch den kühlen Laubwald hinauf **zur Burgruine Hohnstein** sollte man noch einplanen. Einkehren im Burggasthof nach dem kräftezehrenden Aufstieg ist immer lohnender Ansporn – die eindrucksvollen mittelalterlichen Anlagen und der tolle Ausblick natürlich auch.

Im Harz werden Kirchen versetzt !

Kurz vor **Rottleberode** passiert man anschließend die Grenze nach Sachsen-Anhalt und visiert nach links wieder die Berge an, die man ebenso wie schönen Mischwald kurz hinter dem Ort erreicht. Bald tauchen die ersten Häuser des verträumten Fachwerkstädtchens **Stolberg** ($\mathcal{P}$ S. 98) auf, das wie ein großes Freilichtmuseum anmutet. Noch vor Ankunft am Markt, sollte man an der traditionsreichen **FriWi-Keksfabrik** (Typisch Harz) mit Werksverkauf in der Niedergasse gehalten haben, wo Freunden köstlichen Dauergebäcks die Augen übergehen. Der Aufenthalt in Stolberg ließe sich für Kulturfreaks noch mit einer Aufführung im **AndersWeltTheater** am Markt anreichern. Meist decken die Eintrittskarten nicht nur Kunst-, sondern auch kulinarischen Genuss ab!

102 km

Die Fahrt führt weiter nach Norden über **Breitenstein** (Wohnmobilstellplatz) nach **Stiege**. Vielleicht muss man unterwegs am Bahnübergang warten, bis ein Zug der **schmalspurigen Selketalbahn** ($\mathcal{P}$ S. 31) mit historischer Dampflok vorbei geschnauft ist. Noch bis 2020 stand neben den alten Brandruinen der ehemaligen Heilstätte Albrechtshaus noch die **nordisch anmutende Blockhauskirche**. Sie wurde versetzt – Stück für Stück abgebaut und am Bahnhof in Stiege wieder aufgebaut. Für die kleine Genusspause drängt sich das **Schloss Stiege** mit seinem liebevoll geführten Café oberhalb des Schulteiches förmlich auf.

118 km

Feste und flüssige Holzkohle am Stemberghaus

Über weite offene Weideflächen erreicht man **Hasselfelde** ($\mathcal{P}$ S. 90) auf der B 242 und nach Norden weiter auf der B 81 lädt der Wilde Westen (**Pullman City Harz**) zum Zwischenstopp ein. Einer hiesigen Tradition kann man knapp vier Kilometer weiter auf der B 81 authentisch auf die Spur kommen: dem Köhlerhandwerk. In der **Harzköhlerei Stemberghaus**

122 km

Köhlerei am Stemberghaus

(„Typisch Harz"-zertifiziert, (🔍 S. 91)) wird noch in traditionell geschichteten Erdmeilern Buchenholz aus Harzer Wäldern verkohlt. Nichtkraftfahrern sei die „Flüssige Holzkohle", ein 50-prozentiger Likör, empfohlen. Von der heilsamen Wirkung der Holzkohle erzählt die angebotene „Köhlerfibel". Hinter dem Pumpspeicherbecken des Wasserkraftwerks führt die Tour nach links über die Staumauer hinweg zum Parkplatz der großen **Hängebrücke** (🔍 S. 91) und der weiteren Harzdrenalin-Attraktionen. Im Herbst 2021 entsteht hier noch ein großer Typisch-Harz-Shop.

Wo man auf den Großvater klettert

Abkühlung verschafft auf der Tour wenig später ein Besuch in der **Baumanns- und/oder der Hermannshöhle** in **Rübeland** (🔍 S. 87) mit ihren ganzjährig konstanten acht Grad Celsius und der **Blaue See** an der B 27. Kurz darauf trifft man in **Blankenburg** (🔍 S. 41) ein. Gegenüber dem Kleinen Schloss (Touristinformation und Büro Harzer Wandernadel) kann man gut parken (auch Wohnmobilstellplätze). In die eine Richtung beginnt nach wenigen Gehminuten der Aufstieg zum **Großvaterfelsen** (tolle Aussicht), und in die andere Richtung animiert der **barocke Terrassengarten** zum Flanieren; vielleicht mit abschließender Einkehr ins Gasthaus Obere Mühle. Auf der Weiterfahrt locken rechts der Ausfallstraße **Burg und Festung Regenstein** sowie links der Route das ehemalige **Zisterzienserkloster Michaelstein** (frische Forellen gibt es nebenan!). In **Heimburg** ist es vom Parkplatz in der Ortsmitte nicht weit hinauf auf den Aussichtspunkt der früheren Burganlage und auch vom Turm auf dem Austberg in **Benzingerode**, den man auf dem **Klosterwanderweg** (🔍 S. 96) von der neoromanischen Kirche aus schnell findet, bietet sich eine schöne Sicht. Anschließend fährt man wieder in **Wernigerode** ein, dem Ausgangspunkt dieser Tour.

— 145 km

— 158 km

— 165 km

— 175 km

Tour „Durch den Ostharz"

Die jeweils schönsten Abschnitte von Selketal und Bodetal, viel Kulturgeschichte sowohl in Städten als auch mitten in der Natur und die romantische Selketalbahn – das alles hält diese Tour durch den östlichen Teil des Harzes bereit. Und auch bergbauliche Anlagen wie im Westharz gilt es hier zu entdecken.

Im Bann von Hexen und Teufeln

Ausgangspunkt dieser Tour ist der ausgeschilderte Großparkplatz in **Thale** (🔎 S. 46). Zu den Attraktionen der **Erlebniswelt** – ganz toll für kleine und große Kinder! – geht man am kleinen Kreisverkehr rechts über die Bodebrücke und dann links am Hochseilgarten entlang. Auch eine kleine **Wanderung durchs Bodetal** (🔎 S. 47) kann hier beginnen, nicht weit ist es bis zum Gasthaus Königsruh mit schönem Biergarten. Alternativ kann man mit der Kabinenseilbahn zum Hexentanzplatz hinauf, den Tierpark oder das Bergtheater besuchen und zu Fuß über die La Viershöhe (46 G) oder vom Bergtheater aus (Blauer Punkt) wieder hinab steigen.

0 km

Die Tour führt nun über **Neinstedt** hinter dem Hofladen (Hier findet man immer etwas!) auf der Brücke Richtung Quedlinburg zum Parkplatz Schlangenecke. Ein Wanderweg lädt zum Spaziergang direkt zu den steil aufragenden Felsen der **Teufelsmauer** (🔎 S. 45) ein, die hier besonders imposant ist. Auf der Weiterfahrt lohnt sich in Weddersleben ein Halt am **Papiermuseum mit Handschöpferei**, das Menschen mit Behinderung betreiben.

5 km

7 km

Frischer Kaffee und George Clooney

Gleich nach der Einfahrt in die **UNESCO-Welterbestadt Quedlinburg** (🔎 S. 50) ergattert man vielleicht gleich am Wipertifriedhof einen Parkplatz. An die Besichtigung der romanischen **Wipertikirche** (🔎 S. 53) sollte man noch eine Stipvisite der barocken Grabgewölbe auf dem Hügel an der Straße anschließen. Hier und da kann man sicher einen Blick ins Gruftinnere riskieren...

12 km

Für den Bummel durch die Stadt parkt man auf dem Schlossparkplatz (auch Wohnmobile) direkt am Burgberg oder ein Stück weiter in der Carl-Ritter-Straße. Auf dem Weg zum **Schloss** werden Kaffeefreunde in der Rösterei Samocca fündig, das passende Kleingebäck hält die Keksmanufaktur gegenüber bereit. Und man sollte sich unbedingt die Zeit nehmen, in Ruhe auf der Wassertorstraße **den Schlossberg zu umrunden** mit seinen niedlichen Häuschen, Treppen und Gässchen. Überhaupt ist Quedlinburg ein Ort für Entdecker mit versteckten Lädchen, Kneipen und Cafés. Ein Gast-

Selke-Fälle
zwischen Mägdesprung und Alexisbad

haus an der Marktkirche zehrt noch heute davon, dass 2013 während der Dreharbeiten zu „The Monuments Men" George Clooney hier einkehrte.
— 20 km Fischrestaurants sind im Harz selten. Wen bei der Einfahrt in **Bad Sude-rode** der Hunger plagen sollte, folge daher dem Schild zum Gasthaus
— 22 km Bückemühle, bevor es nach **Gernrode** mit **ottonischer Stiftskirche** (🔎 S. 58) und **Kuckucksuhren-Museum** geht.

Am Selketalbahnhof vorbei führt die Tour weiter nach Rieder. Am Kreisverkehr lohnt noch ein kurzer Abstecher Richtung Quedlinburg, wo bald linker Hand die Produktionsstätte der **Harzer Likörmanufaktur** erscheint. In der Verkaufsstelle gibt es Leckeres mit „Typisch-Harz"-Siegel.

Immer an der Selke entlang...

Nach Rieder kommt die **Roseburg** (besichtigen! 🔎 S. 63). Erreicht man
— 30 km anschließend **Ballenstedt**, (🔎 S. 61), fährt man am besten gleich rechts zu **Schloss und Park** hinauf, um beides in Ruhe zu besichtigen. Unterhalb des historischen Theaters – eine Vorstellung hier zu erleben ist einzigartig! – kann man sich an einem großen Modell über die Burg Anhalt (🔎 S. 94) im Selketal informieren. Preisgekröntes italienisches Eis wartet schließlich am Ende der zweibahnigen Allee auf Genießer.

Auf der B 185 führt die Tour nun in die Berge hinauf. Nach etwa 1,7 Kilometern lohnt ein Stopp am großen Parkplatz links. Nur gut 200 Meter wandert man bis zu **Buttlars Grab**. Mitten im Wald liegt die von einer feingestapelten Trockenmauer umgebene Grabanlage der 1810 verstorbenen Hofdame Wilhelmine von Buttlar. Bald erreicht man **Mägdesprung** (🔎 S.
— 41 km 94) wo sich eine kurze, knackige **Wanderung zur Magdtrappe** hinauf empfiehlt. Anschließend genießt man eine kurvenreiche Fahrt bis Alexisbad – immer begleitet von Selke und Selketalbahn. Hinter dem Bahnhof
— 46 km biegt die Tour links auf die B 242 nach **Harzgerode** (🔎 S. 93) ab, wieder von der Selketalbahn flankiert.

Weiter auf der B 242 führt die Tour nach etwa einem Kilometer nach rechts
über Neudorf und Silberhütte bis **Straßberg** mit dem **Besucherbergwerk**
Glasebach (🔎 S. 94). Etwa zwei Stunden dauert eine (Ent-)Führung in die
zauberhafte Untertagewelt durch Stollen und Gänge. In Siptenfelde trifft
die Route wieder auf die B 242. Nach links erreicht man dann **Günters-**
berge. Eine gemütliche Pause lässt sich am Bergsee einrichten. Anstren-
gender ist der steile Aufstieg zum **Bodendenkmal der Güntersburg**
oberhalb des Katzsohlteiches.

57
km

68
km

Elche am Blockhaus und wildes Bodetal

Zurück in der Ortsmitte führt die Tour nach links über Bärenrode nach
Friedrichsbrunn. Dieser traditionsreiche Erholungsort bietet sich unbe-
dingt für **Rundwanderungen und Radtouren** (MTB wie Trekkingrad)
an. Lohnenswerte Ziele sind u. a. das größte Blockhaus-Restaurant der
Welt am Merkelbach mit eigenem Elchgehege, die Viktorshöhe und der
Gondelteich mit Grillplatz. Ebenfalls als Wanderausgangspunkt eignen sich
Allrode und danach **Treseburg** (🔎 S. 94) im wilden Bodetal. Der Weiße
Hirsch, die Sonnenklippen oder der Wilhelmsblick sind hier die schönsten
Wanderziele. Auf der Kreisstraße geht es an der Einmündung zur Rosstrap-
pe vorüber nach **Thale** zurück.
Weitere Touren: „Luchskarte Harz. Die schönsten Ausflugsziele"
ISBN 978-3-945974-26-1 *www.schmidt-buch-verlag.de/freizeitkarten*

76
km

89
km

98
km

Elch zum Anfassen
Ferienpark Merkelbach

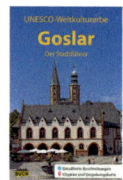
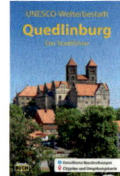

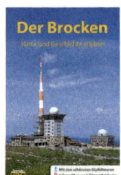

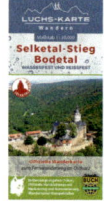

Aktuelle Infos

Reise-Tipps

Tipps für den Urlaub im Harz und Informationen zu Änderungen, die sich nach Redaktionsschluss ergaben, finden Sie online unter:

www.schmidt-buch-verlag.de/harz

Alle Rechte vorbehalten
© 1996-2021 by Schmidt-Buch-Verlag
Die Winde 45; 38855 Wernigerode, Tel. (0 39 43) 2 32 46, Fax: (0 39 43) 4 50 10
Internet: www.schmidt-buch-verlag.de, E-mail: info@schmidt-buch-verlag.de
11., aktualisierte und erweiterte Auflage 2021, 51. - 55. Tsd.
Layout, Bildbearbeitung und Kartografie: Schmidt-Buch-Verlag, Wernigerode
Druck und Verarbeitung: Grafisches Centrum Cuno GmbH & Co. KG

Es fotografierte Thorsten Schmidt

Fotos Seite 81, 109: Maximilian Schmidt
Foto Seite 24: Thorsten Schmidt © Schloß Wernigerode GmbH
Foto Seite 35: Ulrich Schrader © Kulturstiftung Sachsen-Anhalt
Foto Seite 76: © Nationalpark-Besucherzentrum TorfHaus
Foto Seite 80: Hansjörg Hörseljau © Oberharzer Bergwerksmuseum
Foto Seite 83: Günter Jentsch © HöhlenErlebnisZentrum
Foto Seite 107: © Kloster Walkenried

Titelbild: Blick von der Schlossterrasse Wernigerode über die Harzberge zum Brocken

Bibliografische Information Der Deutschen Nationalbibliothek
Die Deutsche Nationalbibliothek verzeichnet diese Publikation in der Deutschen Nationalbibliografie; detaillierte bibliografische Daten sind im Internet über http://dnb.ddb.de abrufbar.

ISBN 978-3-945974-31-5

ClimatePartner.com/13493-2106-1002

Dieses Buch haben wir nach international anerkannten Standards klimaneutral produziert. Für den Ausgleich nicht vermeidbarer Treibhausgasemissionen unterstützen wir Baumpflanzaktionen des Vereins Bergwaldprojekt, der sich 2021 z. B. in Braunlage, Sangerhausen, Goslar und im Nationalpark Harz engagiert. Näheres unter *www.bergwaldprojekt.de/einsatzorte*

Zur schnellen Orientierung
Ortschaften

Altenau	S. 78	B2	🔵	Ilsenburg	S. 20	C2	🟢
Bad Grund	S. 82	A2	🔵	Mägdesprung	S. 94	E3	🔴
Bad Harzburg	S. 17	B2	🟢	Neustadt	S. 102	C4	🟣
Bad Lauterberg	S. 109	B3	🟣	Nordhausen	S. 103	C4	🟣
Bad Sachsa	S. 108	B4	🟣	Osterode	S. 113	A3	🔵
Ballenstedt	S. 61	E3	🟢	Quedlinburg	S. 50	E2	🟢
Blankenburg	S. 41	D2	🟢	Rübeland	S. 87	C2	🔴
Braunlage	S. 72	B3	🔵	Schierke	S. 71	C2	🔵
Clausthal-Zellerfeld	S. 79	A2	🔵	Schulenberg	S. 78	B2	🔵
Elbingerode	S. 86	C2	🔴	St. Andreasberg	S. 74	B3	🔵
Goslar	S. 8	B1	🟢	Stolberg	S. 98	D4	🟣
Hahnenklee	S. 16	A2	🔵	Ströbeck	S. 40	D1	🟢
Halberstadt	S. 35	D1	🟢	Thale	S. 46	D2	🟢
Harzgerode	S. 93	E3	🔴	Torfhaus	S. 76	B2	🔵
Hasselfelde	S. 90	C3	🔴	Wernigerode	S. 24	C2	🟢
Herzberg	S. 111	A3	🟣	Wildemann	S. 81	A2	🔵
Hohegeiß	S. 72	C3	🔵	Wippra	S. 95	E4	🔴

Sehenswertes

Baumwipfelpfad	S. 19	B2	⭐	Königspfalz Pöhlde	S. 113	A4	⭐
Bodetal	S. 47	D3	⭐	Konradsburg	S. 63	E3	⭐
Brocken	S. 66	B2	⭐	Luchsgehege	S. 19	B2	⭐
Burg Falkenstein	S. 92	E3	⭐	Miniaturenpark	S. 26	C2	⭐
Burgruine Anhalt	S. 63/94	E3	⭐	Mittelbau-Dora	S. 106	C4	⭐
Burgruine Hohnstein	S. 102	C4	⭐	Rabensteiner Stollen	S. 106	C4	⭐
Burgruine Scharzfels	S. 112	A3	⭐	Radau-Wasserfall	S. 19	B2	⭐
Einhornhöhle	S. 112	A3	⭐	Rammelsberg	S. 15	B2	⭐
Glasmanufaktur	S. 30	D2	⭐	Rappbodestausee	S. 90	C3	⭐
Grube Glasebach	S. 94	D3	⭐	Ravensberg	S. 108	B3	⭐
Hängebrücke	S. 91	D3	⭐	Regenstein	S. 43	D2	⭐
Höhle Heimkehle	S. 101	D4	⭐	Rhumequelle	S. 113	A4	⭐
Hexentanzplatz	S. 47	D3	⭐	Roseburg	S. 63	E3	⭐
HöhlenErlebnis Iberg	S. 83	A2	⭐	Sophienhof (Alm)	S. 106	C3	⭐
Höhlenwohnungen	S. 40	D2	⭐	Sösestausee	S. 115	A3	⭐
Ilsetal	S. 22	C2	⭐	Spiegelsberge	S. 40	D2	⭐
Josephskreuz	S. 100	D4	⭐	Stiftskirche Gernrode	S. 58	E3	⭐
Kloster Drübeck	S. 23	C2	⭐	Teufelsmauer	S. 45	D2	⭐
Kloster Michaelstein	S. 42	D2	⭐	Westernstadt	S. 90	C3	⭐
Kloster Walkenried	S. 107	B4	⭐	Wurmberg	S. 73	B2	⭐
Köhlereimuseum	S. 91	D3	⭐	Zillierbachtalsperre	S. 87	C2	⭐